엄마의
마음이
자라는
시간

소아정신건강의학과
전문의가 알려주는
엄마의 모든 것

엄마의
마음이
자라는
시간

김효원 지음

글항아리

　　"선생님, 엄마가 이렇게 힘든 거라고 왜 아무도 미리 말해주지 않았을까요?" 며칠 전 진료실에 다녀간 현정이 엄마의 말이다. 처음 아이를 가졌을 때는 얼마나 이쁠까, 누굴 닮았을까 하며 설레고 행복하다. 막 태어나서 내 품에 안긴 모습을 봤을 때는 이렇게 작고 꼬물꼬물하고 사랑스러운 존재가 내 아이라는 사실에 감격하기도 한다. 그렇지만 감격스럽고 행복한 순간은 잠깐, 곧 아이를 키우며 부모가 된다는 것은 그리 만만한 일이 아님을 알게 된다. 아이는 생존과 성장에 있어 부모를 쉼 없이 필요로 하는 데다, 아이의 기질과 발달 단계에 따라 필요로 하는 것이 다르다보니 항상 모르는 것투성이다. 그뿐만이 아니다. 아이를 키운다는 것은 신체적으로

나 심리적으로 많은 에너지를 필요로 한다. 예상치 못한 일이 끊임없이 생기고, 부모의 삶을 한계치까지 몰아붙인다. 문득 돌아보면 나 자신은 어느새 사라져 있고, 누구 엄마만 남아 있다. 그래서 현정이 엄마 말고도 많은 엄마가 진료실에서 물어보시곤 한다. 왜 아무도 엄마가 되는 법을 알려주지 않았을까요? 왜 아무도 엄마가 되는 일이 이토록 고단하다고 말해주지 않았을까요? 왜 아무도 저에게 고생한다고, 잘하고 있다고 말해주지 않을까요?

그렇다. 엄마가 된다는 것, 부모가 된다는 것은 본질적으로 고단하고 외로운 일일지 모르겠다. 원래 인생이란 기쁘고 행복한 순간보다 힘듦과 어려움의 순간이 더 많은 데다, 내 인생과 더불어 아이의 인생까지 등에 지고 걸어가는 것이 쉬울 리 없다. 게다가 요즘 세상은 부모인 우리가 어렸을 때보다 아이들에게 훨씬 더 많은 것을 요구하고, 사소한 실수에도 가혹하며, 다양성이 받아들여지지 않는, 팍팍하고 외로운 세상이다. 그래서 아이도 외롭고 고단하며 상처받을 때가 많고, 그런 아이를 돌보면서 엄마도 지치고 상처받곤 한다.

그런 엄마들이 아이와 함께 진료실에 찾아온다. 진료실에서 만나는 부모님들은 아이에게 어려움이 있을까 걱정하기도 하고, 아이를 어떻게 도와줘야 할지 몰라서 안타까워하기도 하며, 아이 때문에 지치거나 화나 있는 경우도 있다. 부모는 아이가 겪고 있는 문제의 원인이기도 하며, 아이의 문제 때문에 고통받는 사람이기도 하고, 아이가 겪은 문제에 의미를 부여하는 사람이기도 하다. 그런 까닭에 진료실에서 나는 아이들의 고민을 들어주고 눈물 닦아주는 상담자이면서, 아이들을 대신해서 부모 혹은 형제나 주변인들과 싸워주는 싸움꾼이 되기도 한다. 또 엄마가 문제를 해결하고 아이들과 의사소통하도록 돕는 조력자이자 코치 역할도 맡는다. 때로는 아이들뿐 아니라 직장, 남편, 시댁, 친정 식구들과 자신의 문제로 고단한 엄마의 삶의 증인이자 동반자가 되기도 한다.

그래도 아이들은 자란다. 자신과 다른 사람의 마음을 헤아리는 능력도 자라고, 자기감정과 행동을 조절하는 능력도 자란다. 부모를 죽도록 미워하고 원망하던 아이가 부모의 마음을 이해하는 순간도 온다. 그래서 외롭고 고단하며 힘든 육아 가운데에도, 아이의 반짝이는 마음 덕분에 기쁘고 행복한 찰나도 있다. 아이가 견디고 있는 험난한 세상을 함께 견디면서, 아이들의 성장에 놀라며, 부모 자신 또한 성장해간다.

이 책에서는 부모들께, 엄마들에게 그런 이야기를 전해드리고 싶었다. 아무리 추운 겨울도 반드시 지나가고 봄이 오는 것처럼, 엄마들이 겪고 있는 어려운 시간도 언젠가는 지나갈 거라고, 그리고 그 어려운 시간을 견디는 힘은 이미 엄마들 안에 있다고……. 그래서 이 책의 모든 이야기는 그럼에도 불구하고 엄마로서의 역할에 대해 고민하고 자기 삶에 대해 성찰하며 성장해가는 엄마들의 삶의 기록이자 따뜻한 응원이며 위로다. 방향을 잃고 혼란스러워하거나, 아이와 함께하는 삶의 미래와 불안을 견디기가 버거운 세상의 모든 엄마에게 따뜻한 응원과 위로가 되었으면 한다.

제3부 내 등 위에 올라탄 아이들

제4부 엄마도 불완전한 사람

제 1 부

엄마도
엄마로 자라는
중이다

그렇게
엄마가
된다

•
•
•

나는 진료실에서 아이들을 만나는 사람이다. 병원에 올 때는 대부분 아이들이 먼저 원해서라기보다 부모가 생각하는 어떤 문제 때문에 '부모'가 자녀를 데리고 온다. 가끔은 아이가 힘들어서 먼저 병원에 가자고도 한다. 하지만 부모가 마음속으로 받아들이기 어려워 망설이다가 시간이 흘러 문제가 좀더 표면화된 뒤 병원에 오기도 한다. 이런 때에도 아이들을 병원에 데리고 오는 사람은 결국 부모다. 그래서 내가 진료실에서 만나는 사람은 아이와 부모들, 특히 '엄마'들이다.

임신하는 순간부터 아이는 엄마의 인생에서 매우 중요한 존재가 된다. 인생에서 무언가를 결정해야 할 때마다 아이는 커다란 영향을 미친다. 나도 아이를 가졌을 때 하루에 대여섯 잔씩 마시던 커피를 처음으로 끊었고, 전공의를 하느라 지방에 있는 친정에 큰아이를 맡겼을 때는 당직 일정을 열심히 조정해 한 달에 세 번은 토요일 새벽 기차와 일요일 막차를 탔고, 집을 구할 때면 아이들이 다닐 학교와 동네의 분위기가 좋은 곳을 찾으려고 노력했다. 지금 일하는 병원으로 옮길 때 가장 좋았던 점 가운데 하나는 토요일에 진료가 없어서 아이와 주말을 함께 보낼 수 있다는 거였고, 자유롭게 연차를 써 학교 행사에 참석할 수 있는 것도 좋았다. 아이를 키우면서 내가 얼마나 부족한 존재인지 깨닫고, 내가 잘못하지 않았을 때조차 남에게 고개를 숙였다. 아이가 슬퍼하거나 힘들어할 때 나도 마음이 무겁고 힘들며, 아이가 웃거나 맛있게 먹을 때 나도 행복하다. 이렇게 엄마는 삶에서 중요한 선택을 내릴 때면 먼저 아이를 고려하고, 아이와 관련된 일이 엄마의 기분이나 생활에 많은 영향을 미친다.

아이의 인생에서 엄마는 더 중요한 사람이다. 아이는 성인이 될 때까지 생존을 부모에게 의존한다. 부모가 없으면 먹고 입고 자라는 것이 불가능하다. 따뜻하고 포근하고 사랑받는 느낌, 그래서 내가 소중한 존재라는 느낌도 부모로부터 온다. 엄마에게는 대부분 배우자가 있고, 부모나 형제, 친구도 있지만, 아기에게는 지금 내 눈앞에 있는 엄마가 전부다. 아이를 키우다보면 어느 순간 내가 아이를 사랑하는 것보다 아이가 나를 더 사랑한다는 느낌을 받는다. 내가 가득 담긴 눈으로 아이가 나를 쳐다보고 웃을 때, 막 걷기 시작하는 아기가 나를 보고 반가워하면서 온 힘을 다해 뒤뚱뒤뚱 뛰어올 때, 집에 들어서자마자 방에 들어가 옷을 갈아입는 동안에도 따라다니면서 하루 종일 일어난 일에 대해 얘기를 쏟아낼 때, 이 아이에게 내가 얼마나 소중한지, 아이가 나를 얼마나 사랑하는지 느낄수 있다.

이런 아이들에게 가장 상처를 많이 주는 사람이 엄마이기도 하다. 한글과 숫자를 익히는 게 또래에 비해 조금 늦었던 수지는 초등학교에 입학하면서 대치동으로 이사 갔다. 엄마는 대치동에서 다른 아이들보다 처지지 않길 원해 좋다는 것은 다 시켰으면 하는 마음으로 방과 후 영어, 독서, 영재 수학, 축구, 수영, 쇼트트랙, 태권도, 미술, 피아노, 중국어 등 많을 때는 12개 과목의 사교육을 시켰다. 이렇게 1년을 보내자 수지는 힘에 부쳐 원형탈모가 오고 목소리가 변하기도 했다. 아이가 잘 따라가지 못하자 엄마는 학교를 옮겨보기도 하고, 미국으로 유학을 보내기도 했지만 수지는 계속 적응하는 데 어려움을 겪었다. 수지는 엄마한테 "돈을 그렇게 많이 들였는데 네가 잘하는 게 대체 뭐냐?"는 말을 들으면 죽고 싶다고 했다. 수지가 지쳤다고 내가 말씀드리니 엄마는 "선생님은 강남에서 수학 40점 받는 애를 키워보셨어요?" 하면서 화를 내셨다.

아이들 역시 엄마를 지치게 하며 또 엄마에게 상처를 준다. 여섯살 민석이는 에너지가 무척 많고 고집이 세서 어린이집에 등원시키는 데도 시간이 오래 걸리고, 밥을 먹을 때도 한 숟갈 먹고 한참 놀다가 또 한 숟갈 먹고 놀아서 밥 먹이기도 힘들뿐더러 숟가락 들고 의자를 발로 밀다가 의자가 뒤로 넘어가서 엄마가 달려오도록 만드는 일도 잦았다. 한번은 하도 밥을 안 먹어서 시리얼에 우유를 부어주었는데 30분 동안 두 숟갈밖에 안 먹었다. 화가 나 뭐라고 하자 민석이는 엄마 배로 돌진해와서 부딪혔다. 배랑 허리가 몹시 아프고 서러워서 엄마는 주저앉아 한참을 울었다고 한다.

엄마와 아이는 이렇게 서로의 삶에 영향을 주고받으면서, 상대에게 복잡한 감정을 불러일으킨다. "행복한 가정은 모두 비슷한 이유로 행복하지만 불행한 가정은 저마다의 이유로 불행하다"고 톨스토이가 『안나 카레니나』에 쓴 것처럼, 엄마와 아이들 사이에서 일어나는 일과 주고받는 감정은 집집마다 달라 고유의 어려움이 있다. 나는 「팬텀싱어 3」에서 출연한 황건하 배우의 팬인데, 한번은 유튜브에서 한림예고 학생이었던 황건하 배우가 2015년 뮤지컬 「영웅」을 공연하는 걸 봤다. 그 영상을 보면서 좋아하는 배우가 고등학교 때부터 이미 노래와 연기가 훌륭하고 또 주목받았던 것이 뿌듯하기도 했지만, 마음 한켠이 쓸쓸하고 아프기도 했다. 2015년은 유난히 예고 학생들과 기획사의 연습생들이 우울증, 자해, 자살 시도로 외래와 응급실을 많이 방문한 해여서 그 친구들의 모습이 떠올랐기 때문이다. 팬인 나는 좋아하는 배우의 빛나는 모습을 바라보면서 행복해하면 되지만, 마음이 아픈 아이들을 치료하는 의사인 나는,

빛나고 싶었지만 좌절하고 상처받은 아이들의 곁을 지키면서 어려운 시간을 함께 견뎌야 한다. 부모도 그렇다. 아이가 상을 받고, 1등을 하고, 반장이 되고, 대학에 입학하는, 반짝반짝 빛나는 순간들도 함께하지만, 가장 힘들고, 좌절하고, 상처받고, 외로운 순간을 함께 견디는 사람이 엄마다.

아이의 좌절, 상처, 슬픔, 외로움을 함께 견디는 것은 어려운 일이다. 다른 사람의 고통을 내 것처럼 짊어진다는 게 원래 어려운 일인데다 아이의 상처를 보면서 그 나이 때 내가 입었던 상처가 새 살을 뚫고 되살아나기도 하기 때문이다. 상처는 없어지지 않고 잠깐 힘을 잃은 채 잠복해 있었던 것이다. 아이가 힘들어할 때 도와주지 못하고 있는 내가 무능하게 느껴지기도 하고, 아이가 힘든 것이 내 탓인 듯해 죄책감이 들기도 한다. 아이는 엄마한테라도 얘기하지만, 엄마는 어디 하소연할 곳도 없다. 아빠가 아이나 엄마의 마음을 몰라주거나, 시댁이나 친정에서 "애가 왜 그런 것도 못 하냐" "네가 잘못 키워서 그런다"는 말을 들으면 웅크려 있던 분노가 터져나온다. 이런 좌절감, 무기력감, 죄책감, 분노, 상처를 견디면서 엄마는 엄마가 된다.

할머니를
엄마라고
부르는 아이

●
●
●

영규를 처음 만난 것은 영규가 4세 3개월 때였다. 상상으로 지어낸 얘기를 한다는 것이 엄마와 할머니의 걱정이었다. 너는 몇 살이니 물으면 72세라 하고, 엄마를 아줌마, 친할머니를 엄마라며 바꿔 불렀다. "난 영규 아니야" "난 유치원에 안 다녀. 어른이거든" "난 1920년에 태어나서 여든 살이야"처럼 사실과 다른 말을 자주 했다. 유치원에서 있었던 일도 곧잘 이야기하고 숫자나 한글, 전자사전의 영어 단어도 읽는 아이라서 묻는 말을 이해 못 하는 것은 아닌데도 왜 사실대로 답하지 않는지 몰라 엄마는 속상하고 답답했다. 혹시 발달에 문제가 있는 것은 아닌지, 이러다 나중에 거짓말쟁이 어른이 되는 것은 아닌지 걱정도 되었다. 동네 병원에 갔더니, 아이가 상황에 맞지 않는 얘기를 하고 아파트 동 호수나 차 번호 같은 것을 외우고 다닌다고 해서 자폐증을 의심하는 진단을 내놓았다. 이 얘기를 듣고 엄마는 더 불안해졌다.

내가 막상 아이를 만나보니 아이는 예상과 달리 눈도 잘 마주치고 잘 웃고 진료실에 있는 장난감을 가지고 이야기를 만들면서 잘 놀았다. 묻는 말에도 대답을 잘해 발달이 느리기보다는 오히려 또래보다 더 똑똑하고 상상력이 풍부하다는 인상을 받았다. 이렇게 잘 자란 아이가 왜 질문에 맞지 않는 엉뚱한 답을 내놓고 상상으로 지어낸 얘기를 하며 할머니한테 엄마라고 부를까 의아했다. 그때 아이가 태어나서 자란 과정을 듣자 영규의 마음이 좀 이해가 되었다.

영규의 엄마 아빠는 둘 다 K시 출신이었다. 외가와 친가도 모두 K시에 있었다. 서울의 좋은 대학을 다니는 엄마 아빠는 양쪽 집안의 자랑이었다. 군대를 일찍 다녀왔던 아빠는 복학하면서 같은 과 3학년이었던 영규 엄마를 만났다. 같이 공부하면서 연애도 하던 엄마 아빠는 혼전임신으로 영규가 생기자 재학 중에 결혼해서 영규를 낳기로 결심했다. 엄마가 대학 4학년 때 태어난 영규는 친가에서 친할머니가 주로 키우기로 하고 엄마 아빠는 대학 공부를 마치고 취업 준비를 했다. 다행히 엄마 아빠는 모두 이듬해 대기업에 취업했다. 신입 사원 생활을 하면서 배울 것이 많고 회식과 야근도 잦아 정신없었던 엄마는 두 달에 한두 차례 K시에 내려가서 영규를 보고 왔다. 지금은 경력을 쌓는 게 무엇보다 중요할 때라 생각하기도 했고, 회사 일에 정신이 없는 데다 쉬는 날에는 피곤하고 지쳐 아이에게 신경을 쓰지 못했다. 아빠는 엄마보다 더 바쁜 회사를 다녀서 아들을 보러 가끔만 내려갔다. 그러자 영규는 부모에 대한 친근감이 별로 없이 친할머니를 엄마처럼 여기며 자랐다.

엄마는 취업한 지 1년 반쯤 지나면서 회사 일에 어느 정도 익숙해지고 일도 더 수월한 부서로 옮겼다. 영규의 엄마 아빠는 이제 아이를 서울로 데려와서 직접 키우기로 마음먹었다. 엄마의 언니인 이모가 서울로 이사 오면서 낮 시간에 영규를 돌봐주겠다고 한 것도 결정하는 데 큰 힘이 되었다. 3년이 넘는 시간 동안 영규를 돌보느라 모임이나 여행도 못 가고 답답해하던 친할머니는 영규를 서울 집에 데려다주고 바로 미국에 있는 삼촌 집으로 여행을 떠났다. 이때 영규는 서울에 잠깐 놀러 온 줄 알았다가 갑자기 할머니가 사라지자 놀라 할머니를 찾으면서 며칠 동안 울음을 그치지 않았다. 걱정이 많고 과잉 보호하는 할머니와 지내며 밖에서 신체활동을 하기보다는 집에서 주로 지냈던 영규에게는 별다른 설명 없이 할머니와 떨어지고 새로운 환경으로 오게 된 일이 커다란 충격이었던 것이다. 원래는 종알종알 얘기하는 것을 좋아하던 영규는 부모님 집으로 온 뒤 말도 별로 없고 잘 놀지도 않았다. 멍하게 허공을 보는 아이의 시선에 부모는 조금 당황스러웠다.

상황이 나아졌다고는 해도 엄마는 일 때문에 여전히 집에 늦게 들어오는 날이 많았다. 영규는 유치원 종일반 이후 이모네 집에 갔다가 엄마 퇴근 시간에 맞춰 집에 돌아왔다. 밤 시간에 와서도 엄마는 집 안 청소를 하고 저녁 식사 준비를 하고 밀린 빨래를 하고 회사 업무를 보충하느라 영규와 같이 놀아주거나 책 읽어주는 시간은 많지 않았다. 그때쯤 친할머니가 5개월 만에 미국에서 돌아오셨다. 할머니는 손자가 지내는 모습에 깜짝 놀라, '내 손자를 이렇게 키울 수는 없다!'면서 며느리에게 아무 말 없이 아이를 데리고 K시로 가버렸다. 엄마는 시어머니의 이런 행동에 당황해 곧바로 회사에 사직서를 냈다. 요즘 같은 세상에 대기업 정규직, 그것도 자신이 좋아하는 부서에서 하고 싶은 일을 할 기회가 다시없을지 모른다면서 엄마 친구와 친정 식구들은 말렸지만, 엄마는 지금이 아니면 아이한테 엄마로서의 역할을 더 이상 할 수 없을지도 모른다고 생각했다. 과감하게 직장을 그만둔 엄마는 영규를 서울로 데리고 와서 육아에 전적으로 몰두했다. 영규가 할머니한테 "엄마!"라고 부르면서 머릿속에서 이야기를 지어내기 시작한 것은 이때부터다.

영규 입장에서는 두 달에 한두 번밖에 못 만난 엄마나 그보다 더 드물게 만나는 아빠보다는 늘 곁에서 함께 시간을 보내는 친할머니가 엄마처럼 느껴졌을 것이다. 게다가 할머니가 아이를 감싸고 도는 성격이라 또래나 다른 사람들을 만날 기회가 적어 더 그랬을 것이다. 이렇게 주로 애착을 형성한 대상인 할머니와 떨어져서 엄마와 다시 애착을 형성해야 할 때는 두 사람 모두와 함께 시간을 보내고, 양쪽 사이를 왔다 갔다 하면서 준비하는 과정이 필요하다. 그런데 영규에게는 이런 과정과 설명이 주어지지 않았다. 어느 날 갑자기 할머니가 사라지더니 어린이집 선생님, 이모, 엄마에게 남겨졌고, 5개월이 지나면서 겨우 여기에 적응하려 했더니 또다시 설명과 준비 없이 엄마가 사라지는 일을 겪었다. 그런 탓에 영규는 자신이 누구인지, 어떤 사람인지, 몇 살인지, 누가 엄마인지, 누가 나를 주로 보살피는 사람인지 그 모든 게 혼란스러워진 것이다.

영규 엄마 정현씨는 과 선배인 영규 아빠와 연애하고 혼전임신으로 결혼하면서 사실 주변 사람이나 친구들의 시선을 많이 신경 썼다고 했다. 과에서 수석을 놓치지 않았던 정현씨를 대단하게 여기고 존경스럽게 바라보던 친구들이, 이제 더 이상 정현씨가 경쟁 상대가 아닌 양 말할 때 자존심은 깎여나갔다. 아이를 낳더라도 보란 듯이 더 잘 살 거고, 더 좋은 직장에 취직할 거야라는 다짐을 더 단단하게 했던 이유다. 다행히 시어머니가 영규를 온종일 돌봐주셔서 산후조리가 끝나자마자 대학도 예정대로 마칠 수 있었고, 친구들보다 더 절박하게 매달려 원하던 회사에 취직도 더 빨리 했다. 면접 때 '아이 엄마인데 배워야 할 게 많고 야근도 많은 대기업의 신입사원 과정을 잘해낼 수 있겠느냐'는 질문에 "아이 엄마여도 수석으로 학교를 졸업했습니다. 시어머니께서 아이를 잘 돌봐주시기 때문에 잘할 수 있습니다"라고 답했던 정현씨는 입사 동기들에게 뒤처지지 않으려고 갑절의 노력을 기울였고, 회사도 그녀의 능력을 인정해주었다.

그런 시간 동안 물론 영규를 잊고 지낸 것은 아니다. 가능한 한 자주 영규를 보러 가려고 했다. 예상치 못하게 회사에 급한 프로젝트가 생기거나 출장이 잡혀 영규를 못 보는 날이 많아지면서 마음 한구석이 못내 불편하고 미안해지기도 했다. 가끔 영규를 보러 갔을 때 시어머니가 손자를 지나치게 아껴 밥도 다 먹여주고 옷도 다 입혀주고 다칠까봐 놀이터에서 놀지도 못하게 하는 모습을 봤다. 이건 아닌데, 라는 생각이 들었지만, 자주 와보지 못하는 것의 죄책감 때문에 너무 오냐오냐하시지 않았으면 좋겠다는 말은 꺼내지도 못했다. 주말 저녁에 엄마와 헤어지면서 인사할 때는 아무렇지 않아 하는 아이가, 할머니가 외출할 때는 떨어지지 않으려 우는 것을 보면 아이 마음속에 엄마의 자리는 없는 듯해 속상했다. 그래서였다. 회사에서 좀더 편한 부서로 옮기자마자 영규를 데려와서 직접 키워야겠다고 마음먹은 것은.

역시 직장을 다니면서 아이를 돌보는 일은 쉽지 않았고, 오랫동안 곁에 두고 키우지 못했던 영규와 마음으로 가까워지는 데에도 시간은 필요해 보였다. 집에서 내내 아이만 보는 엄마들이나 할머니만큼은 아니어도 조금씩 엄마가 되어가는 것 같다고 느끼는 와중에 시어머니가 못마땅해하면서 말도 없이 영규를 데리고 가버렸다. 그때 정현씨는 자기 자리를 완전히 강탈당한 기분이 들었다고 했다. 정말 하고 싶었던 일이고 남들이 부러워하는 직장이지만 지금은 직장보다 엄마 자리를 지키는 것이 더 중요하다고 느꼈다. 그래서 바로 사표를 내고 아이를 데리고 와서 돌보게 된 것이다.

정신분석학자 에릭 에릭슨은 성인이 된 후에도 인간은 매 시기 배우고 익혀야 하는 발달 과제가 있다고 보았다. 그리고 중년기(35~60세)의 중요한 발달 과제로는 자기 직업 분야에서 성장하며 일을 통해 세상에 기여하는 것과 자녀를 양육하는 것 두 가지를 들었다. 영규 엄마는 학생일 때 출산을 했던 터라 엄마가 되어야 하는 과제와 학업을 마치고 자신의 꿈을 이뤄야 하는 과제를 동시에 받았다. 사실 영규 엄마만 그런 것이 아니라 많은 여성이 학업, 취업, 승진 등 자기 인생에서 한 사람으로 성장해가는 중요한 시기에 엄마가 된다. 『커리어 그리고 가정』이라는 책에서 클라우디아 골딘은 대학 졸업 직후에는 여성과 남성의 임금이 비슷한 수준을 유지하지만, 졸업 후 10년쯤 지나면서 남녀 사이에 상당한 임금 격차가 발생한다는 점을 지적한다. 그리고 이러한 격차의 대부분은 출산 및 육아를 시작하면서 같은 직업을 가진 남성에 비해 시간 외 근무, 주말 근무 등을 하기 어렵고, 동일한 시간을 투자하기 어려워지기 때문이라고 설명한다. 실제로 내 주위의 의사 부부들 중에서도 함께 전임의를 하고 교수 임용을 준비하다가 출산과 육아 문제로 아내가 교수 임용을 포기하는 경우를 종종 본다.

사실 둘째 자녀는 부모가 어느 정도 자리를 잡고 경제적으로도 안정된 다음에 갖곤 한다. 또 아이를 낳고 키운다는 것이 어떤 의미인지, 부모로서 어떤 역할을 해야 하는지를 터득한 후 갖기 때문에 더 수월하다. 반면 첫째를 낳고 키우는 일은 부모의 입장과 역할을 잘 모르는 상태에서 처음 맞닥뜨리는 것이고, 삶에서 시간과 에너지를 자신이 아닌 다른 존재에게 쓰는 걸 배우는 일이며, 뜻대로 이뤄지는 일이 별로 없다는 것도 알아나가는 과정이다.

　우리 사회에서는 아이를 대신 돌보아주는 사람을 찾기 어려울 뿐 아니라, 아이를 낳고 키우는 것이 자기 분야에서 발전하고 성공하는 데 불리하게 작용하는 경우가 대부분이다. 이런 상황에서 많은 엄마는 정현씨처럼 자기 꿈을 이룰 것인지, 엄마로서의 역할을 할 것인지, 아니면 둘 다 조금씩 부족한 채로 발을 동동거리며 해나갈지 선택해야 하는 상황에 놓인다. 이 가운데 어떤 선택을 해도 엄마 마음속에는 해결되지 못한 감정이 남을 수밖에 없다. 엄마로서의 역할을 택하면 잃어버린 꿈에 대한 미련이 남고 자기만 뒤처지는 것 같다. 자신이 직접 돈을 벌지 않고 남편에게 받아서 쓴다는 것이 마음을 무겁게 하거나 죄책감을 일으켜, 나 자신을 위한 물건을 사거나 자신이나 친정 식구들에게 돈을 쓸 때도 불편하다. 계속 일을 하고 성공하는 동료나 선배들을 보면 좌절감이 들고, 인생에서 중요한 것을 잃어버린 듯해 아이를 원망하게도 된다. 일을 계속하는 것을 택해도 아이에 대한 죄책감이나 엄마로서의 역할을 못하고 있다는 미안함이 무척 크다. 정현씨처럼 다행히 아이를 책임지고 돌봐줄 친정 엄마나 시어머니가 옆에 있다 해도 그분들에 대한 미안함과 죄책감, 엄마로서 여전히 부족하다는 무력감이 마음 한구석에 자리하기 마련이다. 아이를 돌봐주는 분과 양육 문제로 갈등을 빚는 일도 흔하다. 아이를 주로 키우는 친정 엄마와 남편이 어떤 분유를 먹일지부터 시작해서 사사건건 부딪치는 바람에 내 친구는 우울증에 걸렸고, 지방에 있는 시어머니에게 아이를 맡긴 선배는 "주말에 아이를 보러 가는 건지 시댁 일을 하러 가는 건지 모르겠어. 주말마다 시댁 대청소에 밑반찬 하느라 아이랑 제대로 눈 맞추고 놀지도 못해" 하면서 속상해 했다. 어느 쪽이든 엄마에게 는 힘든 시간이다.

정현씨는 엄마로서의 역할과 자신의 삶 사이에서 여러 번 시행착 오를 겪었다. 완벽한 직장 여성이 되려고 노력도 해봤고, 엄마로서 의 역할과 직장인으로서의 능력을 균형감 있게 유지하려고 애쓰기 도 했다. 나를 만났을 때는 엄마라는 역할을 뺏길까봐, 혹은 다시 는 영규에게 엄마 역할을 제대로 할 기회가 주어지지 않을까봐 직 장을 그만두고, 엄마 역할에 온전히 몰입하면서 정체성을 새롭게 다지며 영규와의 관계를 쌓아가려고 노력하던 시기였다.

정신건강의학과 의사 김혜남은 『어른으로 산다는 것』에서 '어른 이 된다는 것은 세상과 나의 한계를 인정하고 받아들이는 일'이라 고 했다. 엄마가 되는 일도 마찬가지로 나를 도와주지 않는 세상 속 에서, 나 자신의 성장과 엄마로서의 역할을 조율해가고, 양쪽 모두 에서 완벽할 수 없는 나 자신을 받아들이며 인정해가는 과정이다. 누구도 처음부터 엄마로 태어난 사람은 없다. 아이들과 부대끼고 살면서 그렇게 엄마가 되어가는 것이다.

젖을 떼기
어려운
엄마

아영이는 초등학교 3학년 여자아이다. 친구들과 잘 어울리지 못하는 문제 때문에 병원에 왔다. 유치원 시절부터 또래들과 다툼이 잦아 다른 아이가 자기 옆에 오면 내 자리라고 말하면서 밀어냈다. 누군가 옆에 앉으면 살짝 비켜줄 수 있는데도 자기가 불편하다며 화를 냈다. 평소 밝은 편이지만 기분이 먹구름 낀 듯 자주 변하고, 감정도 오르락내리락했다. 같이 즐겁게 이야기하다가 기분이 상한 기색을 내비쳐 상대를 당황하게 만드는 일이 잦았는데, 엄마가 보기에는 친구들 사이에서도 그런 식으로 자기 기분을 표출하고 다툼을 유발하는 듯했다. 친구와 놀다가 부딪치면 "너 일부러 그랬지?"라며 따지고, 자기한테 실수라도 하면 "그럼 왜 사과

안 하는데!"라고 화를 내 친구들은 점점 아영이를 피했다. 아영이 주위에는 가시가 뾰족뾰족 돋친 줄이 쳐진 듯, 아니면 뭔가 꺼림칙한 것이라도 있는 듯 아무도 다가오려 하지 않았다.

아빠는 아영이가 예민하고 까다로운 것도 있지만, 화를 많이 내는 것은 엄마를 닮았다고 했다. 엄마가 하도 혼을 많이 내고 아빠는 그걸 막아주다보니 점점 허용적으로 되어서 아이는 이제 아빠 말을 거의 안 듣는다고 했다. 엄마도 자신이 아이를 양육할 때 많이 혼내고 화도 잘 내는 편이라고 인정했다. 일단 화나면 손이 먼저 나가는 게 자제가 안 된다고도 했다. 아이를 돌보는 것이 힘들고, 몇 년 전부터는 우울해 죽고 싶다는 생각도 가끔 했다. 엄마인 게 힘들고, 내가 누군가를 책임져야 한다는 것이 버거웠다. 내가 아이를 성숙한 인간으로 키워야 하는 것이 두렵다는 생각도 들었다.

아영이 엄마 지연씨는 B시에서 태어났다. 세 살 때 아빠가 돌아가셔서 외할머니와 어머니 슬하에서 자랐고, 형제로는 오빠가 있었다. 고2 때 안타깝게도 어머니마저 뇌출혈로 쓰러지면서 오빠는 대학을 휴학했고, 지연씨는 고등학교를 가까스로 마친 뒤 서울로 왔다. B시에서 어머니와 외할머니가 운영하던 가게를 처분했고, 지연씨가 건설회사 비서실에 취직하면서 외할머니와 오빠의 생활비를 댔다. 7년간 직장생활을 한 다음 대학에 입학했는데, 여덟 살 연상의 남편을 만나 결혼하면서 학업을 중도에 그만두었다. 지연씨는 사실 아이를 천천히 갖고 대학 공부를 하면서 신혼생활을 길게 유지하고 싶었는데, 남편의 나이가 많다보니 남편과 시댁은 모두 아이를 빨리 갖길 원했다.

아영이가 태어나고 생후 30개월까지 지연씨는 다른 사람들이 아영이에게 손도 대지 못하게 하면서 아이를 도맡아 키웠다. 아버지가 일찍 돌아가신 데다, 엄마와 외할머니는 늘 가게 일 하느라 바빠 지연씨는 자라면서 누군가에게 마음으로 의지해본 적이 없다고 했다. 바깥일 하는 어머니는 지연씨에게 늘 바쁘고 차가운 사람으로 기억됐다. 가끔 다가가서 옷을 잡고 매달리거나 울고 싶다는 말은 꺼낼 수조차 없었다. 남편은 나이가 많아 어른스럽고 듬직한 점이 좋아서 결혼했는데, 막상 직장 일에 치이니 지연씨 마음을 잘 읽어내지 못했다. 반면 아이는 지연씨를 보고 웃고 반가워하며 전적으로 지연씨에게 의존하는 점이 좋았다. 나를 필요로 하고 온전히 나에게 속한 존재가 있다는 게 행복했다. 모유 수유를 하는 게 좋아서 두 돌까지 꽉 채웠고, 이유식은 좀 늦게 시작했다. 변화는 두 돌 때쯤 나타났다. 이유를 하면서 아영이는 "싫어" "내가 할 거야"라며 자기 의사와 주장을 드러내기 시작했다. 지연씨는 '나만 의지해야 하는데'라는 불안감과 '나한테 감히'라는 분노감이 동시에 마음에서 솟는 것을 경험하며, 아이를 던져버리고 싶은 충동을 느꼈다고 한다. "아이한테 자아가 생기는데 그게 너무 서운하고 미웠어요. 이제 아이는 나 없이도 잘 살겠구나 싶더라고요."

지연씨는 아이가 멀어지는 느낌을 견딜 수 없어 다시 직장을 구해 사회생활을 시작했다. 아이는 전문적으로 키우는 사람이 돌보면 된다고 여겨 어린이집에 보냈고, 그때부터 아영이한테 소홀해지고 관심도 두지 않았다. 출근할 때 유치원에 등원시킨 뒤 저녁 8시에 데리고 와서 씻기고 재웠으며, 필요할 때는 아빠가 주로 아영이를 돌봤다.

아영이가 여섯 살 때쯤 지연씨는 아이가 친구들과 어울리지 못한다는 것을 알게 돼 다시 직장을 그만두고 아이를 돌보기 시작했다. 이런 고민과 결정을 아이가 알아줄 리 없었다. 지연씨는 돌보느라 애쓰는데도 딸이 무언가 원치 않는 반응을 보이면 화가 났다. 한 번은 놀이동산에 데려갔는데 아이가 즐거워하는 기색이 없어 '얘는 뭘 해줘도 고마워할 줄 몰라. 내가 자기 때문에 여기까지 왔는데 인상이나 찌푸리고'라는 생각이 들면서 화가 났다. 아영이 친구들을 애써서 집에 초대하기도 했다. 하지만 아이가 친구들 무리에서 겉돌자 '내가 널 위해 이렇게까지 하는데, 너 같은 애는 친구랑 놀 자격도 없다'는 생각이 들면서 화가 날 뿐 아니라 딸아이가 창피하게 느껴지기까지 했다.

태어난 지 얼마 안 된 아기는 엄마가 있어야 생존할 수 있다. 부모의 도움이 없으면 먹거나, 자거나, 대소변을 처리하거나, 주변의 위협으로부터 자신을 지킬 수 없다. 뿐만 아니라 성장하는 데 필요한 신체적·환경적 자극, 정서적인 안정감도 엄마로부터 온다. 아기 역시 엄마에게 강렬한 신체적 감각과 감정을 불러일으킨다. 모유 수유가 그 대표적인 예인데, 안고 눈 맞추고 수유를 하면서 엄마는 아기와 강렬한 감정을 주고받는다. 엄마와의 이 같은 관계를 통해 아이는 세상이 안전하다는 느낌, 나를 지키고 위하고 사랑해주는 누군가가 존재한다는 느낌을 받는다. 이렇듯 부모와 안정된 애착을 형성한 아기는 훗날 자라면서 좀더 자신감을 갖고 다른 사람들을 신뢰하면서 안정적인 대인관계를 형성할 수 있다.

그런데 모유 수유가 끝나는 것처럼, 부모가 아기를 전적으로 돌보고 아기가 부모에게 전적으로 의존하는 시기도 곧 끝난다. 정신분석학자 마르가레트 말러는 생후 첫 3년 사이에 부모로부터 심리적으로 독립하는 과정을 분리개별화separation-individuation라고 불렀다. 생존과 정서적 안정감을 모두 엄마에게 의존하고 엄마와 자신이 한 몸인 것처럼 느끼던 아기는, 기고 걸으면서 엄마와 신체적·정서적·심리적으로 분리되기 시작한다. 이 시기의 아기는 기거나 걸어가서 새로운 것을 경험하고 싶은 마음과 안전하고 편안한 엄마 곁에 머물고 싶은 마음 사이에서 갈등한다. 즉 재미있는 장난감을 발견해 다가가서 가지고 놀다가, 가끔 엄마가 있는지, 자기를 보고 있는지 확인하곤 한다. 이것은 아기에게 새로운 것을 만지고 경험하고 싶은 마음과 함께, 언제든 돌아갈 수 있는 안전하고 든든한 베이스캠프인 엄마로부터 분리되는 것에 대한 불안함이 함께 있다는 것을 일러준다. 자기를 늘 지켜보고 보호하는 엄마가 있다는 것에 대한 확신이 있는 아이들은 좀더 자유롭고 자신감 있게 새로운 것을 경험할 수 있다. 이러한 과정에서 아기는 인지, 지각, 정서의 발달과 함께 자율성과 독립성을 이루어낼 수 있으며, 성취감과 자신감을 갖게 되고, 자신을 지켜보며 사랑해주는 엄마의 이미지를 내면화하게 된다. 언제, 어디서 내가 무엇을 하든 엄마는 내 편이고 나를 사랑해준다는 느낌이 확고해지는 것이다. 이렇게 아이 마음속에 자리 잡은 엄마의 이미지는, 엄마가 옆에 없을 때에도 아이의 마음을 달래줄 뿐 아니라, 성인이 된 이후까지 다른 사람들과 자신 있게 관계를 맺고 유지하거나 또는 자연스럽게 이별할 수 있도록 도와준다.

이후의 정신분석학자들은 분리개별화 과정이 생후 첫 3년에 한 번 일어나고 완료되는 것이 아니라 삶의 여러 단계에서 반복된다고 보았다. 특히 분석가 캘빈 콜라루소는 성인기의 발달과 분리개별화 과정에 대해 3차[1], 4차[2], 5차[3] 개별화 이론을 도입했다.[4] 이 가운데 '3차 개별화'는 초기 성인기(20~40세) 발달 단계에서 결혼, 배우자 되기, 부모로부터의 분리, 부모 되기 등 다양한 개별화 과정을 경험하는 것을 뜻한다. 한국 사회에서 결혼은 부모와 덮어놓았던 갈등들이 되살아나는 계기가 된다. 또 결혼하고 아이를 낳으면서 자기 부모와의 관계를 재정립하고 부모로부터 경제적, 정서적으로 '진짜' 독립하는 계기가 된다. 부모가 되어 자기 아이를 돌보고 키우다가 아이가 나에게서 조금씩 벗어나는 경험도 이 시기에 하게 된다. 즉 아이의 첫 번째 분리개별화와 부모의 3차 개별화가 함께 일어나는 것이다.

중요한 점은, 성인기에 경험하는 개별화에는 이전의 성장 과정인 유아기, 청소년기에 우리가 겪었던 분리 경험이 크게 영향을 준다는 것이다. 자신의 부모와 안정적인 관계를 형성했는지, 편안하게 정서적인 분리개별화를 마쳤는지가, 내 아이와의 안정적인 관계를 형성하는 데뿐만 아니라 자녀의 분리에 대한 반응과 상실을 경험하는 정도에 영향을 미친다는 것이다. 지연씨는 유아기 때부터 아버지가 안 계시고 어머니는 바쁜 데다 감정적으로 차가운 분이었다. 그러다보니 누군가와 안정된 애착을 형성하지 못했다. 분리개별화는 감정적으로 보살피고 사랑해주는 사람과의 안정적인 관계를 바탕으로, 정서적으로 독립해가면서 보살피고 사랑해주는 존재의 이미지를 내면화하는 과정이다. 그런데 지연씨는 첫 번째 단계의 안정된 애착을 형성하는 것이 잘 안 된 탓에 마음속에 늘 나를 지켜보고 달래주는 어떤 대상의 이미지를 제대로 형성할 수 없었다. 중요한 대상과 안전하게 분리되는 경험을 할 기회 또한 없었다.

　결혼하고 얼마 지나지 않아 아이를 가져 남편과도 정서적으로 가까워질 기회가 없었던 지연씨는 아영이가 태어나자 오로지 아영이에게만 몰두하게 됐다. 아이가 지연씨를 보고 웃고 반가워하고 완전히 의존하는 것을 보며, 자신이 특별히 소중하고 의미 있는 존재가 된 듯한 느낌을 처음으로 경험한 것이다. 그런 느낌이 좋아서 지연씨는 다른 사람들이 아이에게 손도 대지 못하게 하고 혼자서 키웠다. 그렇지만 아이는 자라면서 물리적, 정서적으로 엄마한테서 독립하기 마련이다. 이전에 건강하고 안전한 분리와 독립을 경험해보지 못한 지연씨는 아이가 조금씩 멀어지는 듯한 느낌이 견디기힘들었다. 소중한 존재를 잃어버리는 것 같은 불안함과 내 존재가의미 없어지는 느낌, 자신으로부터 멀어지려 하는 아이에 대한 분노감 등으로 인해 아예 아이를 돌보지 않기를 선택해버린다. 어쩔수 없이 아이를 다시 돌봐야 하는 상황이 되었을 때도 이런 불안함과 무기력감, 서운함과 분노는 여전했다.

말러는 생후 첫 3년 아이가 분리개별화를 겪는 동안 부모의 역할은 감정적으로 아이가 세상을 탐색하고 독립을 향해 가는 쪽으로 아이를 살짝 밀어주는 것이라고 했다. 그러면서 아이가 엄마를정서적, 감정적으로 필요로 하는 순간 함께 있어주는 것도 중요하다고 했다. 정신분석가 슈테른샤인은 아이들 성인기에는 부모가 자녀의 인생에서 자신이 점점 덜 중요해진다는 것을 받아들여야 한다고 했다.[5] 부모가 된다는 것은 결국 아이를 조금씩 보내주는 일letting go이라는 뜻이다.

이렇게 아이가 필요할 때 옆에 있어주면서도 아이를 조금씩 보내주는 것은 부모 입장에서는 에너지가 크게 들고 감정 소모도 많은일이다. 또 부모 자신이 그 시기에 해결하지 못했던 갈등과 문제들이 되살아나서 더 힘들게 여겨지기도 한다. 가끔 부모 자신의 마음에서 일어나는 일들을 잘 들여다보고, 나 자신의 문제와 아이의 문제를 구별해보는 시간을 갖는 것이 필요한 이유다. 혹시 지연씨처럼 이런 과정이 몹시 힘들어서 우울해지거나 아이에게 화를 많이 내게 된다면, 엄마도 상담을 받는 것이 도움이 된다.

어떤 아이로
키우고
싶으세요?

진료실에서 부모님들과 자녀 얘기를 하다가, 혹은 강의를 들으러 온 부모님들과 만나면서 "아이를 어떤 사람으로 키우고 싶으세요?"라고 물어본다. 부모들의 대답은 대체로 행복한 아이, 당당한 아이, 바른 아이, 자신감 있는 아이, 자기 생각을 잘 표현하는 아이로 좁혀진다. 공부 잘하는 아이, 좋은 대학을 가는 아이, 영어 잘하는 아이, 인기 많은 아이로 키우고 싶다는 부모님은 한 명도 만나지 못했다. "그럼 지금 나는 아이를 행복한 사람으로 키우고 있나요?"라고 다시 물으면, 갑자기 강의실이나 진료실이 조용해진다. 아이를 키우다보면 하루하루 먹이고 학교 보내고 숙제 챙기는 것이 바빠서, 아이와 씨름하다보면 지치고 힘들어서, 원래 아이를 어떻게 키우고 싶었는지 자꾸 잊어버린다.

　진영이는 공부가 재미없다고 하는 중학교 1학년 여자아이였다. 처음 만났을 때부터 표정 변화가 거의 없고 지루해하는 데다 묻는 말에는 귀찮다는 듯이 한두 단어로 대충 대답했다. 좋아하는 게 뭐야, 하고 물으니 "만화 그리는 거요"라면서 처음으로 눈을 빛냈다. 진영이는 친구들과 웹툰 보고 웹툰에 나오는 캐릭터 그리는 것을 좋아했다. 수학 학원보다는 애니메이션 학원을 다니고 싶었지만 부모님이 싫어하실 듯해 말도 꺼내본 적 없다고 했다. 진영이가 진료실 문밖으로 나간 뒤 부모님께 아이가 애니메이션 학원에 다니고 싶어 한다고 말씀드리니, 엄마는 학교 수업이나 수행평가도 못 챙기고 수학·영어학원 숙제도 못 챙기는데 애니메이션 학원까지 어떻게 다니냐며 걱정했고, 아빠는 동네 부끄럽게 왜 애니메이션 학원 같은 데를 다니느냐며 화를 냈다. 진영이 엄마 아빠는 서울대를 졸업했다. 부모만이 아니라 양가 할머니, 할아버지, 삼촌들까지 전부 서울대를 졸업했고, 사촌 언니, 오빠들 중에도 서울대생이 많았다.

　진영이한테는 공부가 어렵게 느껴졌다. 성적이 조금 올라도 사촌들에 비해서는 턱없이 아래에 있었고, 기껏 그 정도로는 부모님도 별로 만족스러워하지 않는 것 같았다. 공부를 해야 한다고 말은 듣지만 해도 잘 안 돼서 왜 해야 하는지 이유를 몰랐다. 부모님이나 친척들처럼 '남다른 성취를 이뤄야 한다'는 데 대한 의무감, 압박감으로 짓눌려 있는 듯 보였다.

진영이 엄마는 직장생활과 육아로 지쳐 아이의 숙제나 수행평가를 챙기는 것만으로도 버거워했다. 진영이 아빠는 완벽주의적 성격에 예민한 분으로 진영이의 마음을 잘 알아차리지 못하는 분이었다. 그가 관심을 기울인 것은 주로 겉으로 드러난 성적이었다. 진영이는 자기가 하고 싶은 것이나 자기 마음속에서 일어나는 것보다는 주변 사람들 시선을 더 많이 신경 썼고, 점점 자기 생각이나 감정은 표현하지 않게 되었다. 유일하게 잘하는 것은 만화 그리는 일이었다. 그게 재밌고 즐거웠으며, 친구들이 잘 그린다고 반응하거나 그림 그려달라고 부탁해오는 게 좋았다. 반면 가족들한테는 만화 배우고 싶다거나 그리고 싶은 마음을 표현 못 해 점점 기분이 가라앉고 무기력해졌다.

진영이 부모님도 이런 진영이의 마음을 전해 듣고 "평소에 감정 표현이 적고 혼을 내도 아무 말 없이 눈물만 뚝뚝 흘린다"면서 속상해하셨다. 애니메이션 학원을 다니고 못 다니고는 큰 문제가 아닐 수도 있다. 그러나 아이의 마음속에서 행복한 순간이 사라지고, 하고 싶은 것이 사라지며, 하고 싶은 것을 말하지 않게 된다는 것은, 마치 아이의 마음속 촛불이 하나둘 꺼지고, 아이의 눈 속 광채가 점점 사라지는 것과 같다. 진영이는 다행히 아직 하고 싶은 것이 남아 있을 때 나를 만났다. 만약 아이의 마음을 아무도 알아주지 않는 것이 오래 지속된다면 나중에는 마음속의 촛불을 피울 수 없는 상태가 되기도 한다. 하고 싶은 것이 없고 왜 살아야 하는지도 모르겠으며 아침에 잠에서 깨지 않았으면 좋겠다고 하는 그런 상태 말이다. 따라서 부모님이 우리 아이를 '어떤 아이로 키우고 싶은지' 물어보는 것이, 자문해보는 것이 중요하다.

가끔은 또 부모님들에게 "어떤 부모가 되고 싶으세요?"라고 물어본다. 대개는 친구 같은 엄마, 편안한 엄마, 따뜻한 엄마가 되고 싶다고 말씀하신다. 아이가 어리면 어릴수록 더 자신감 있게 말씀하시고, 중고등학생을 키우는 엄마들은 대답하기 더 어려워하신다. 아이와 함께 보낸 시간이 길수록 좋은 엄마가 되기 어렵다는 것을 알기 때문이다.

한번은 초등학교에 강의하러 갔는데, 1학년 담임 선생님 한 분이 반 아이의 그림을 가져와 보여주셨다. 수업 시간에 다 같이 엄마 모습을 그리는 활동을 했는데, 한 친구만 엄마가 아닌 불을 내뿜는 공룡을 그렸다는 것이다. 그림을 보고 아이의 마음이나 엄마와의 관계가 걱정되어서 내게 보여준 것이었다. 진료실에서 아이들을 만나다보면, 또 말로 잘 표현하지 못하는 마음을 알아보려고 심리 검사를 하다보면, 엄마는 혼내는 사람, 화내는 사람, 잔소리하는 사람, 무서운 사람이라고 생각하는 아이가 많다. 한번은 아이가 그린 그림이 걱정된다면서 한 엄마가 진료실에 가지고 왔다. 뱀이 병아리 엉덩이를 깨물려고 하는 그림에 "엄마 닭이 병아리를 죽이려고 뱀에게 도움을 받았는데, 병아리가 방귀를 뀌어서 뱀을 죽였다"는 글씨가 쓰여 있었다. 다행히 아이가 유머 있게 뱀을 처단하는 이야기

였지만, 엄마 닭이 병아리를 죽이려고 뱀을 보냈다는 내용에 엄마는 깜짝 놀라고 걱정할 수밖에 없었다.

연주는 '내가 제일 걱정하는 것은 엄마의 잔소리다' '내가 가장 무서워하는 것은 엄마다' '나를 가장 슬프게 하는 것은 엄마다' '내가 꾼 꿈 중에서 제일 무서운 것은 엄마가 나에게 다가오는 꿈이었다'라고 했다. 엄마가 다가오는 꿈이 가장 무서운 꿈이라는 건 정말 슬픈 얘기다. 아마 어떤 엄마도 아이를 슬프거나 무섭게 하려는 마음으로 대하지 않을 것이다. 그렇지만 어느 순간 나도 모르게 아이를 무섭게 하고, 슬프게 하는 존재가 되어 있을 수 있다. 그래서 어떤 엄마가 되고 싶은지, 어떤 부모가 되고 싶은지, 그리고 아이가 어떻게 자랐으면 좋겠는지 생각하는 것이 중요하다.

"당신이 배 한 척을 만들려고 한다면 계획을 세우기 위해, 작업을 분배하기 위해, 도구를 가져오거나 나무를 자르기 위해 사람들을 불러 모으지 말고, 그들에게 넓고 끝없는 바다에 대한 동경을 가르쳐라. 그러면 그들이 스스로 배를 만들 것이다."『어린 왕자』를 쓴 생텍쥐페리의 말이다. 아이들을 키우는 데도 이 말이 적용될 수 있다. 수행평가, 학원 숙제, 이번 학기 성적 같은 것도 중요하겠지만, 아이 마음속에 하고 싶은 것이 있고, 되고 싶은 것이 있으며, 또 노력하면 할 수 있다는 자신감이 있는 게 더 중요하지 않을까? 그리고 아이가 비록 하찮게 보이는 꿈일지라도 그것을 꾸고, 처음에는 잘 못하고 실패하는 것처럼 보여도 스스로 길을 찾아가도록 지켜봐주는 것이 부모의 역할 아닐까?

엄마는
세상의 어려움을
막아주는 사람

"어떤 엄마가 되고 싶어요?"라고 물어보고 이야기를 나누면, 어머니들이 오히려 "선생님, 그럼 어떤 엄마가 좋은 엄마인가요?" "어떤 엄마가 되어야 하나요?"라고 되물을 때가 종종 있다. 좋은 엄마가 어떤 엄마인지는 아이의 성향과 마음에 따라, 또 엄마가 어떤 사람인지에 따라 다르기 때문에 한마디로 말하기가 참 어렵다.

그럼에도 불구하고 어떤 엄마가 좋은 엄마인지 답변해야 하는 상황에 놓이면, 나는 "엄마는 세상이라는 바다로 나간 아이가 타고 있는 배"라고 말한다. 아무리 거센 폭풍이 몰아치는 바다라 해도 튼튼한 배에 타고 있으면 편안하고 안전할 것이다. 반대로 아무리

잔잔한 바다 위에 있다 해도 배가 안정적이지 못하면 마치 거친 풍랑 속에 있는 것처럼 느낄 수도 있다. 엄마는, 부모는 아이가 세상의 어려움을 경험하는 정도를 결정하기도 하고, 세상의 어려움을 막아주는 완충제가 되기도 한다.

어느 해인가 비슷한 시기에 성폭행을 당한 여자 청소년 두 명이 입원한 적이 있다. 두 아이 다 크게 놀라고 당황해서 조금은 멍하고 어찌할 줄 모르는 상태였다. 그런데 두 아이 부모의 반응이 매우 달랐다. 별이 엄마는 응급실에서부터 아이 앞에서 큰 소리로 울었고, 아빠는 가해자인 남자 청소년의 학교에 찾아가서 학교를 때려 부수겠다며 소리를 질렀다. 아빠가 학교를 찾아가면 몰랐던 친구들도 별이가 성폭행당한 것을 알게 돼 소문이 크게 날 것이며, 소문을 들은 친구들과 선생님의 반응을 보면서 별이가 더 크게 상처 입을 듯해 아빠를 말리느라 응급실에서는 정작 별이와 얘기를 나누지도 못했다. 별이는 엄마, 아빠의 반응을 보면서 자신이 엄청나게 큰일을 겪어 손상되고 망가져버렸기에 다시는 평범한 아이가 될 수 없을 것 같다는 느낌이 들었다. 반면 바다 엄마는 차분한 목소리로 바다에게 "살다보면 안 일어났으면 싶은 일도 일어나. 네가 겪은 일도 안 겪으면 좋았겠지만, 누구에게나 일어날 수 있는 일이고 절대로 네 잘못이 아니야. 살다보면 누구나 뺑소니 교통사고를 당할 수 있어. 교통사고는 안 겪는 게 좋지만, 뺑소니 교통사고는 언제든 누구에게나 일어날 수 있는 일이고, 사고를 당한 사람이 뭘 잘못해서 생기는 것도 아니잖아. 네가 겪은 일도 그런 거야. 바다가 힘든 일을 겪어서 엄마는 너무 안타깝고 속상해. 그렇지만 교통사고가 나서 부러졌던 다리가 시간이 지나면 붙는 것처럼, 우리 딸이 지금의 어려움을 잘 이겨낼 거라고 믿어"라고 얘기해주었다. 바다도 성폭행 때문에 외상후 스트레스장애 증상으로 입원도 하고 외래에서 몇 달 동안 치료를 받았지만, 별이에 비해서는 좀 덜 힘들게 그 시간을 보냈고 자신이 망가졌다는 느낌도 거의 받지 않았다. 별이와 바다 부모님들을 보면 성폭행이라는 외부의 어려움을 아이가 해석하고 견디는 데 부모의 역할이 얼마나 중요한지 알 수 있다.

아이가 항상 불안하고 걱정이 많다며 엄마가 데리고 온 은지는 만 6세 여자아이였다. 아기 때부터 예민해서 잠드는 게 쉽지 않았고, 힘들게 재워놓으면 바스락거리는 작은 소리에도 깨어서 울었고, 먹는 것도 까다로웠다. 겁이 많아서 기어다니는 것과 걷는 것도 늦었고, 아무거나 함부로 만지지 않는 아기였다. 말을 잘하게 되면서부터는 "집에 도둑이 들면 어떡해요?" "수영장에서 물에 빠지면 어떡해요?" "엄마가 밖에 나갔다가 무슨 일이 생기면 어떡해요?" "우리도 홍수가 나면 어떡해요?"와 같이 사소한 일, 일어날 법하지 않은 일을 걱정했다. 또 괜찮은지 확인하는 말을 지나치게 많이 하고 대답을 해도 불안을 좀처럼 가라앉히지 못해서 같은 질문을 반복하는 아이였다. 은지에게 제일 걱정되는 것이 무엇인지 물어보자 "엄마가 죽을 것 같아요" "친구한테 나쁜 일이 생길 것 같아요"라고 대답했다. 그림을 그려보라고 하자 은지는 "꽃이 다 떨어져서 울상이 되어 죽어버린 나무"를 그렸다. 우울하고 위축되어 있으면서, 자기감정을 잘 알아차리거나 표현하지 못하는 아이였다.

은지 엄마인 서연씨도 불안이 높고 에너지가 별로 없는 분이었다. 은지에게 새로운 증상이 생기면 "선생님 큰일났어요. 은지가 손톱을 뜯어요" "선생님 어떡해요? 제가 죽을 것 같다면서 은지가 걱정해요"라며 은지보다 더 불안한 표정으로 어쩔 줄 몰라 했다. 은지가 "어떡해요" 하면, 옆에서 엄마가 "어떡해요, 어떡해요, 어떡해요" 하면서 그 불안을 몇 배로 불렸다. 은지는 자기가 불안해할 때 엄마가 같이 불안해하는 모습을 보면서, 점점 더 불안감이 높아지는 듯했다. 성폭행과 같은 외부적 사건뿐 아니라 아이 마음속에서 일어나는 불안을 이해하고 받아들이는 데에도 엄마의 역할은 이렇게 중요하다. 엄마라고 하는 배가 작은 바람이나 파도에도 크게 흔들리다보니, 배를 타고 있는 아이가 바람과 파도를 더 크게 경험하는 것이었다.

불안이 높고 예민한 것은 타고나는 기질이다. 이런 사람들은 보통 사람들이 대개 신경 쓰지 않는 사소한 일에도 쉽게 불안해진다. 게다가 불안이 파도처럼 밀어닥치기 때문에 본인도 자기 불안을 어떻게 하지 못해 힘들어한다. 아이들은 이런 강렬한 불안을 견디는 힘이 아직 부족한 까닭에 주변 사람들에게 이야기하면서 불안을 줄여보려고 한다. 이때 "괜찮아"라고 얘기해주거나 "은지가 걱정이 많이 되는구나" 하고 감정을 짚어주면 잠깐이라도 불안은 줄어든다. 아이 입장에서는 나름 불안을 조절하려고 하는 노력인 셈이다. 한편 엄마 입장에서는 이처럼 아이의 반복되는 말을 듣는 것 자체가 힘이 들며 같은 대답을 반복하는 것도 진 빠지는 일이다. 엄마가 시간상으로나 감정상으로 여유 있고 안정적일 때에는 함께 얘기 나누고 아이를 다독여주는 것이 가능하지만, 바쁘거나 감정상 지칠 때는 아이가 같은 얘기를 하는 게 버겁게 느껴질 수 있다.

서연씨는 본인도 젊어서부터 긴장하고 예민한 데다 불안이 많은 성격이었다고 했다. 결혼하고 두 아이를 키우면서는 지치고, 우울하고, 에너지가 없었다. 늘 "육아에서 해방되어 자유로운 인생을 사는 꿈"을 꾸었다. 은지가 태어난 뒤에는 잘 먹지도 않고 자지도 못하는 데다 예민한 은지 때문에 더 지쳐갔다. 또 은지가 불안해하면 '쟤는 왜 저러지, 무슨 문제가 있나' 하는 생각이 들어서 심리적, 신체적으로 크게 스트레스를 받았다. 그러다보니 은지의 마음에서 일어나는 불안을 들여다보거나, 보듬어주거나, 같이 견디는 것이 힘들었다. 여력이 좀 있을 때는 "괜찮다"고 말하며 안아주고 다독이다가도, 바쁠 때 은지가 "어떡해요?" 하면 갑자기 짜증이 확 올라오면서 소리를 지르거나 혼자 두고 나가버리기도 했다.

아이의 예민하고 불안한 기질은 부모의 선택도, 잘못도 아니며 어쩔 수 없는 일이다. 그렇지만 발달 초기에 이에 대해 적절히 반응해주고, 다독이고, 보듬어주면 불안이 줄어들기도 하며, 이런 경험을 통해 아이는 자기 마음속에서 일어나는 불안을 들여다보고 스스로를 진정시키는 법을 배우기도 한다. 그런데 은지뿐 아니라 엄마인 서연씨도 불안하고 예민한 성격인 데다, 두 아이를 키우면서 소진된 상태여서 그런 역할을 하기 어려웠다. 이 영향으로 은지는 불안을 다루고 견디는 법을 배우지 못했으며, 자기 감정을 인식하고 표현하기보다는 부정적인 감정을 억제하고 억압하면서 자랐다. 그런데 불안과 같은 부정적인 감정은 마음속에 쌓아둔다고 저절로 사라지는 것이 아니어서, 은지는 마치 터지기 직전의 풍선처럼 팽팽한 긴장 상태에서 지내게 되었다. 그리고 점점 더 위축되고 우울하며 자신감이 없어졌다.

엄마가 "세상이라는 바다로 나간 아이가 타고 있는 배"라고 하면, 배가 튼튼할수록 높은 파도에 흔들려도 타고 있는 아이를 잘 지킬 수 있을 테고, 안팎의 어려움에 더 잘 대처할 수 있을 것이다. 그래서 좋은 엄마가 되려면 엄마 자신의 마음을 잘 들여다보고, 잘 다독거리며, 엄마 자신이나 아이에게 일어나는 일을 잘 견딜 수 있도록 먼저 스스로를 잘 돌보는 것이 중요하다.

아이를 키우는 것은
끊임없이
내려놓는 일

승찬이는 책임감이 강하고 학교 성적도 좋은 아이였다. 변화가 일어난 건 초등학교 2학년으로 올라가면서였다. 갑자기 눈을 깜박이기 시작하고, 학교 가기가 너무 싫다며 차라리 죽는 게 낫겠다는 말을 하기도 했다. 승찬이는 태어날 때부터 오른편 손가락이 네 개였고, 손목 관절도 약간 안쪽으로 꺾여 있었다. 돌 때부터 매해 수술을 받아 지금은 일상생활을 하고 글씨를 쓰는 데 지장이 없다. 다만 어려서부터 "너는 손가락이 왜 네 개야?"라고 묻는 아이들이 있었고, '외계인' '장애인'이라며 놀린 친구들도 있었다. 2학년 들어서는 체육 시간에 "너는 못하니까 그냥 빠져"라고 말하는 아이가 있는가 하면, 수업 시간에 갑자기 손을 들더니 선생님한테

'승찬이 손가락은 왜 네 개예요?'라고 질문하는 아이도 있었다. 이런 일을 겪으면서 승찬이는 많이 우울하고 무기력해진 상태였다. 이전부터 쉽게 짜증을 내긴 했으나 2학년이 되면서 더 심해졌고, 전보다 말수가 줄면서 "왜 이렇게 힘들어야 하지? 죽고 싶다"는 말을 툭 내뱉기도 했다. 목욕하던 중 갑자기 "왜 난 손가락이 네 개야?"라면서 울기도 했다.

승찬이 엄마인 주연씨도 우울증이 깊었다. "아이가 행복했으면 좋겠어요. 아이가 상처받지 않고 건강하게 자라는 게 제일 바라는 일이에요"라고 말했지만, 아직도 아이의 손가락을 볼 때마다 마음이 아프다고 했다. 승찬이한테 손가락 기형이 있다는 것을 처음 알았을 때는 하늘이 무너지는 것 같았다. 내가 뭘 잘못해서 '정상적인' 아이가 아니라 기형아를 낳았을까 계속 생각하게 되고, 앞으로 승찬이를 키우면서 사람들의 시선을 끌게 벌써부터 걱정되고 두려웠다. 2학년에 올라가 승찬이가 반 친구들에게 손가락이 하나 모자란 것 때문에 놀림받고 괴로워하는 것을 보면서 아이가 아픈 원인이 다 자기한테 있는 것 같아 더 우울해졌다.

진료실에서 내가 만나는 아이들은 뭔가 어려움을 가진 이들이다. 발달이 느린 아이, 주의력결핍과잉행동장애ADHD나 틱이 있는 아이, 우울증이 있거나 자해·자살 시도를 한 아이들……. 꼭 정신질환이 있진 않더라도 불안이 높거나, 엄마와 사이가 좋지 않거나, 부모가 이혼했거나, 학교나 교우관계에서 어려움을 겪었거나, 혹은 몸이 아프다거나 하는 등 사는 것이 편치 않은 아이들이다. 그렇다 보니 이 아이들 부모에게서 제일 많이 듣는 질문은 '왜 우리 아이에게 이런 일이 생겼을까요?'다. 아이들에게 뭔가 어려움이나 문제가 발생했다는 것은 부모에게 커다란 상처가 된다. 우리 아이한테 뭔가 문제가 있거나 아이가 남들과 다르다는 것은, 부모로서의 나도 뭔가 문제 있는 부모, 혹은 실패한 부모라는 느낌을 불러일으키기 때문이다.

부모라면 누구나 내 아이가 예쁘고, 똑똑하고, 공부도 잘하고, 친구들과 잘 지내고, 선생님에게도 사랑받기를 원한다. 그렇지만 아이를 낳고 키우다보면 그게 생각처럼 되지 않는다는 것을 깨닫는다. 그다음에는 그저 무던하고 문제없는 아이, 교실에서 눈에 띄지 않는 아이로만 자랐으면 하는 바람을 갖게 된다. 그렇지만 사춘기가 될 때까지 아무 문제 없이 자라는 아이가 얼마나 될까?

부모님들이 아이 문제 때문에 고민할 때, 내가 전공의였던 시절에 은사님이 해주신 말씀을 전해드리곤 한다. "아이를 키우는 일은 내려놓는 일의 연속이다. 아이를 키우다보면 적어도 세 번은 크게 내려놓는 경험을 하게 된다. 첫째, 내 아이가 기대보다 공부를 잘하지 못한다는 것을 받아들여야 한다. 둘째, 아이가 공부는 못해도 착할 줄 알았는데 착하지도 않다는 것을 받아들여야 한다. 셋째, 내 아이가 착하지는 않아도 건강할 줄 알았는데 건강하지도 않다는 것을 받아들여야 한다."

지훈이는 틱장애로 병원에 다녔다. 틱은 아이들이 특별한 이유 없이 자신도 모르게 몸을 움직이거나 소리를 내는 것을 말한다. 눈을 계속 깜박거리거나 머리를 흔들거나 어깨를 실룩거리는 것처럼 몸의 일부분이 움직이는 틱도 있고, 콩콩거리는 소리, 기침 소리처럼 음성 틱도 있다. 틱장애는 만성 질환이지만 어른이 되면서 음성 틱은 완전히 사라지기도 하며, 근육 틱도 호전되곤 하기 때문에 전반적으로 예후가 좋은 편이다. 실제로 증상이 심해서 일상생활에 지장을 받거나, 근육에 통증이 있거나, 친구들이 놀리는 경우가 아니라면 대부분 약물 치료도 필요 없다. 그렇지만 증상이 남의 눈에 많이 띄고, 한 가지 틱을 하다가 다른 틱으로 바뀌기도 하며, 한참 동안 괜찮다가도 파도가 밀려오듯이 틱이 갑자기 심해지곤 하기 때문에 이를 지켜보는 엄마들은 힘들다.

지훈이는 다른 아이들보다 틱이 심한 편이어서 약물 치료를 하러 한 달에 한 번 병원에 왔다. 틱은 약을 먹는다고 해서 깨끗이 없어지진 않고, 빈도나 정도를 줄이는 것으로 약물 치료의 목표를 삼곤 한다. 지훈이 역시 약물 치료를 하면서도 틱 증상이 악화와 호전을 반복하고 있고, 친구 엄마들이 지훈이가 틱 하는 것에 대해서 얘기할 때가 많아 엄마는 스트레스를 크게 받았다. 아이의 음성 틱소리가 지나치게 커서 함께 길을 걸어가면 사람들이 모두 지훈이를 쳐다보는 게 엄마에게는 큰 상처가 됐다.

하루는 지훈이 엄마가 지훈이의 틱 때문에 몹시 속상해하면서

"선생님, 차라리 암이라면 좋겠어요. 그러면 적어도 다른 사람들이 불쌍하게 여길 거 아니에요. 지훈이가 '악' 소리 지르면서 고개를 뒤로 젖히는 틱을 하거나, 한쪽 발로 폴짝폴짝 뛰는 틱을 하면 사람들이 다 이상한 눈으로 쳐다보는데 그 눈빛이 너무너무 힘들어요"라고 했다. 그러고 나서 두 달 후에 방문해서는 "선생님 지난번엔 제가 정말 잘못했어요" 하면서 엉엉 우셨다.

지훈이와 엄마가 한 달에 한 번씩 내 외래에 오면서 대기실에서 늘 만나는 아이가 있었다. 둘 다 같은 요일에 외래를 보다보니 엄마들끼리 서로 인사하고 얘기도 나누는 사이가 되었다. 그 아이는 오빠가 암으로 치료받는 동안 온 식구가 오빠 병원에 가 있고 오빠만 챙기는 바람에 부모님과 함께 있는 시간이 없어져 우울감 때문에 병원에 다녔다. 지훈이 엄마는 대기실에서 그 아이의 엄마와 대화하다가 암으로 치료받던 아들이 며칠 전 사망했다는 사실을 알게 되었다. 이 얘기를 듣고 지훈이 엄마는 두 달 전 '차라리 아이가 암이었으면 좋겠다'고 말했던 게 생각나 울었다고 했다.

아이를 키우다보면 아이가 공부를 못하거나, 착하지 않거나, 혹은 신체적·정신적 문제가 있는 것 때문에 부모가 속상하거나 남들의 시선에 상처받는 일이 생긴다. 혹은 그런 문제가 없는 아이들이라고 해도 아이들이 살고 있는 학교와 사회, 그리고 SNS 속 환경은 너무나 가혹하다. 아이들에게 꿈과 희망을 주지 못하는 사회, 조금이라도 남과 다르거나 눈에 띄면 놀림과 괴롭힘의 대상이 되는 사회……. 요즘같이 험난하고 사건 사고가 많은 세상에서 아이가 견디고 살아가는 것만으로도 얼마나 감사한 일인지 모른다.

● 틱장애

틱은 아이들이 특별한 이유 없이 자신도 모르게 몸을 움직이거나 소리 내는 것을 말한다. 눈을 계속 깜박거리거나, 머리를 흔들거나 어깨를 실룩거리는 것처럼 신체의 한 부분에서 틱이 발생하는 것을 운동 틱이라 하고, 킁킁거리는 소리, 기침 소리처럼 소리 내는 것을 음성 틱(성대 틱)이라고 한다. 학령기 아동에게서는 매우 흔하며 전체 아동의 10~20퍼센트가 일시적으로 틱 증상을 보이는 것으로 알려져 있다. 틱 증상이 한 달 이상 지속되는 일과성 틱장애는 5~15퍼센트, 1년 이상 틱 증상이 지속되는 만성 틱장애는 1퍼센트의 아동에게 나타난다. 운동 틱과 음성 틱을 모두 경험하게 된다면 투레트 증후군 Tourette's Disorder이라고 한다.

틱 증상은 파도가 밀려오듯이 갑자기 심해졌다가 며칠 뒤에는 잠잠해지는 양상으로 나타난다. 이처럼 증상의 정도에 변화가 많고, 발생하는 위치도 자주 바뀐다. 틱장애는 대개 사춘기를 지나고 뇌가 성숙하면서 자연적으로 호전되는 경향이 있다. 틱장애는 만성 질병이지만 전체적으로 예후는 좋은 편이다. 음성 틱은 완전히 사라지는 사람이 많고, 운동 틱 역시 호전되곤 한다. 투레트 증후군의 30~40퍼센트는 증상이 완전히 없어지며, 30퍼센트는 증상이 있더라도 심하지 않은 정도가 된다. 하지만 일부 아동은 성인이 되어서도 증상이 지속될 수 있다.

아이의
유서를
찢은 엄마

"우리 아이는 우울할 리가 없는데요. 우리 아이가 왜 우울해요?"

연희가 우울증이라고 진단 결과를 말씀드렸을 때 연희 엄마가 믿을 수 없다는 듯이 처음 한 말이다. 내 아이가 우울하다는 것은 부모에게 깜짝 놀랄 일이고, 속상해 어쩔 줄 모르는 일이다. 그렇지만 아이가 우울하다는데 "왜 우울해요? 그럴 리가 없는데요"라고 엄마가 반응하니 연희가 우울한 가운데서도 그동안 마음을 표현하지 못했을 것 같아 안쓰러웠다.

중고등학생을 대상으로 한 질병관리청의 청소년건강행태조사[6]에서 2019년 최근 12개월 동안 2주 내내 일상생활을 중단할 정도로 슬프거나 절망감을 느낀 적이 있다고 답한 학생은 여학생 34.6퍼센트, 남학생 22.2퍼센트였다. 또 최근 12개월 동안 심각하게 자살을 생각한 적이 있는 학생은 여학생 17.1퍼센트, 남학생 9.4퍼센트였다. 우리나라 중고등학교 여학생의 3분의 1이 일상생활에 영향을 받을 정도로 우울감을 경험하고 있으니, 우리 아이가 절대 우울할 리 없다고 확신할 순 없다.

연희는 처음 만났을 때 막 중학교 1학년 1학기를 마쳤었다. 중학교 생활에는 그럭저럭 적응하던 차였는데 6월부터 갑자기 목이 아프고 기침이 그치지 않았다. 이비인후과 진료를 받았지만 특별한 이상이 없다고 해서 혹시 스트레스가 심한가 싶어 엄마가 병원에 데리고 왔다. 연희는 목도 아프지만 "중학교에 들어와서 아무리 노력해도 영어 단어가 잘 안 외워진다"며 불안해했다. 초등학교 때는 공부를 대체로 잘하는 학생이었는데, 중학생이 되어서는 성적이 중하위권에 머물렀다. 연희는 열심히 노력하는데도 성적이 잘 안 나와 학원 선생님에게 불려가서 야단을 맞기도 했다. 한번은 학원 선생님이 엄마에게 전화하는 바람에 엄마가 "왜 학원 가서 질질 짜고 다니니?" "영어유치원부터 내가 너한테 들인 돈이 얼만데 최소한 영어는 잘해야지" "책이 너덜너덜해질 때까지 보면 잘할 텐데, 그렇게 공부를 안 하니까 성적이 안 나오지"라며 혼내기도 했다. 회사원인 아빠는 성적에 관계없이 딸에게 상냥했지만 수학, 영어는 당연히 잘해야 한다고 여겨 그걸 못하는 아이를 이해하지 못했다. 며칠 전부터는 학교에서 시험을 치르는데 답안지를 밀려 써 점수가 이상하게 나오는 꿈이나, 영어학원에서 성적 떨어졌다고 엄마한테 전화하는 악몽을 꿔 잠을 설치기도 했다.

초등학교 6학년 때는 학교에서 왕따를 당하고 있는 아이가 안됐다고 생각해서 같이 다녔는데, 그러자 그 아이는 하루 종일 연희한테 붙어 있으려 했다. 이 때문에 다른 친구들과 어울릴 수가 없어서 "나한테 집착하지 말아줘"라고 했더니 그 아이가 학교에 안 나오면서 죽어버리겠다고 말해 마음이 무거웠다. 또 왕따인 친구와 같이 다닌다고 여자아이들이 자리에 와서 욕하고 가는 것도 힘들었다. 중학교 1학년 들어오면서는 남자아이들이 따라다니면서 '빡빡이'

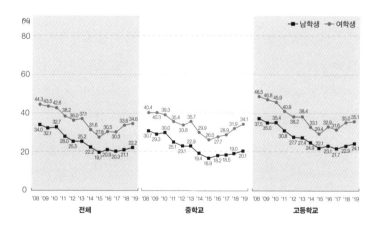

우울감 경험률: 최근 12개월 동안 2주 내내 일상생활을 중단할 정도로 슬프거나 절망감을 느낀 적이 있는 사람의 분율. 2019년 청소년건강행태조사.

'무뇌아'라고 놀린 일이 있었다. 속상해서 엄마한테 털어놨더니 "애들이 사춘기라서 그러니 네가 참아"라는 답이 돌아왔다. 친구들이 연희나 엄마 대신 학교폭력으로 신고를 해줘 학교에서 연희 집에 연락이 오자, 엄마는 그제야 가해자들 부모에게 연락해 사과를 받아내고 아이를 괴롭히지 못하도록 조치를 취했다. 연희에게 왜 친구들이 학교에 신고할 때까지 집에서는 얘기 못 했냐고 물었더니, "부모님은 일 때문에 바쁘신데 신경 쓰지 않게 하고 싶었어요" "동생이 하고 싶은 것을 꼭 해야 하는 성격이라 엄마가 스트레스를 많이 받는데 저까지 짐이 되고 싶지 않아요" "우리 엄마는 문제가 생기는 걸 싫어하고 제가 단어 공부를 더 하기를 원해요"라고 답했다.

연희는 어려서부터 자기 생각이나 느낌을 잘 표현하지 못하고, 거절도 잘 못 하며, 부당한 일을 당해도 잘 말하지 못하는 아이였다. 모둠 과제는 혼자서 다 하고, 남의 숙제도 대신 해주면서 혼자서 속상해 마음속에 묻어두곤 했다. 남자친구를 사귈 때도 사귀기 싫다는 말을 하기 어려워서 그냥 사귀었는데, 엄마가 중간고사를 못 보면 사귀지 말라고 해서 헤어졌다. 힘든 일이 너무 많지만 말로 표현하기는 어려워 점점 기분이 가라앉고 우울해졌다. '죽고 싶다' '나만 사라지면 모든 문제가 해결될 것 같다'는 생각이 들어 머릿속에 죽음을 떠올리는 날도 많아졌다. 그즈음 유서를 썼는데, 이를 발견한 엄마가 찢으면서 "다른 아이들도 다 마찬가지인데 왜 너만 유난 떠니?"라고 말해 자신의 마음을 전혀 이해받지 못한다는 생각에 답답함과 화, 외로움을 느꼈다.

연희 엄마 자영씨는 사실 연희의 유서를 보고 깜짝 놀랐다. 자신의 어린 시절을 돌이켜보니 자신도 엄마(연희 외할머니)의 지나친 기대 때문에 숨 막혔다고 했다. 자기 또한 생각이나 감정을 표현 못 하고 자기주장도 못 할뿐더러 거절도 잘 못 하는 아이였다고 했다. 자영씨는 아이가 자기처럼 나약한 사람으로 자랄까봐 더 강하게 말했던 것 같다고 했다. "그런데 연희가 저 어릴 때랑 똑같이 말도 못 하고 자신감 없는 아이로 자랐다니, 다 제 잘못 같아요. 아이 어릴 땐 육아 책도 많이 읽고, 아이의 감정을 읽어주는 연습도 많이 했는데요." 아이가 나이를 먹으면서 자영씨는 다시 엄격해졌다. 유서를 봤을 때는 아이의 나약한 정신에 화가 나고 속상해 그 자리에서 찢어버렸다.

연희는 엄마에게 자신이 "모자라고 부족한 아이"라고 생각했다. "친구들 앞에서 안 된다고 말 못 하는 것은 제가 부족한 사람이라서 거절할 자격이 없다고 생각하기 때문이에요." 연희는 누군가가 자신에게 '괜찮다'고, '잘하고 있다'고 말해주면 자기 생각을 더 잘 표현할 수 있을 것 같다고 말했다.

병원에 다녀간 이후 다행히 변화가 생겼다. 엄마는 딸이 원하지 않는 학원은 다니지 않아도 된다고 말했고, 공부 압박도 줄였다. 연희와 엄마는 이야기하는 시간이 좀더 늘었고, 엄마가 딸아이의 마음을 읽으려는 노력도 계속됐다. 얼마 후 만난 연희의 표정은 밝았다. "엄마가 공부하라는 소리도 안 하고 친구들이 같이 놀자고 하면 오래 놀게 해줘서 좋아요." 그러면서 연희는 숨 쉬는 것도 좀 나아지고, 기침도 줄었다. 게다가 죽고 싶은 마음도 사라졌다.

아이에게 어떤 어려움이나 문제가 있다는 것을 부모들은 받아들이기 힘들어한다. 그래서 '우리 아이가 그럴 리 없어요'라며 부인하기도 하고, 연희 엄마처럼 화내면서 유서를 찢거나, 자신이 잘못한 것은 없는지 후회하면서 어쩔 줄 몰라하며 불안해하기도 한다. 그렇지만 이런 부인이나 분노, 죄책감, 불안은 아이의 상황을 객관적으로 판단하거나, 아이에게 가장 좋은 해결책을 함께 찾거나, 아이의 마음을 읽고 힘이 되어주는 데 방해가 된다. 아이가 겪고 있는 어려움을 있는 그대로 받아들이고, 어떻게 하면 해결할 수 있을지 고민하는 것이 훨씬 더 중요하다.

아이는
결국
스스로 큰다

아이가 어떤 어려움을 겪고 있을 때, 혹은 아이에게 어떤 문제가 생겼을 때, 부모가 불안해하는 가장 큰 이유는 앞으로 어떻게 될지 잘 모르기 때문이다. 또 부모님들이 나와 같은 전문가들에게 가장 듣고 싶어하는 말도 아이가 괜찮아질 것이라는 확신 혹은 안심일 때가 많다. "아이가 잘 살 수 있을까요?" "나중에 혼자서 밥 벌어 먹고 살 수 있을까요?" "다른 사람에게 피해 주는 사람이 되지는 않을까요?" "병이 나을까요?" "어른이 되면 약을 끊을까요?"와 같은 질문을 진료실에서 정말 많이 받는다. 이런 질문은 대답하기 매우 어려운 것들이다. 앞으로 일어날 일에 대해 정확히 대답할 수 있는 사람이 얼마나 되겠는가?

그래도 내가 보통의 부모들과 다른 점은 수없이 많은 아이가 자라는 과정을 함께 지켜봐왔다는 것이다. 아이들이 자라면서 자기 마음에서 일어나는 일을 돌아보는 능력이 생기는 순간, 다른 사람의 입장과 마음을 생각하고 배려하는 능력이 생기는 순간, 자신의 감정이나 행동을 조절하는 능력이 생기는 순간, 내 부모가 완벽하지는 않지만 그럭저럭 괜찮은 부모라서 고맙다는 마음을 갖게 되는 순간들을 목격해온 것이다. 아이들은 어른과는 달라서, 뇌도 마음도 아직 굳지 않고 자라는 중이다. 이런 일은 어느 순간 오기 때문에 나는 늘 "아이는 결국 스스로 큰다"는 믿음을 갖고 있다. 아이가 스스로 자랄 때까지 부모가 아이의 미래에 대해서 성급히 판단하지 않고, 지나치게 불안해하지 않고, 아이를 믿고 기다려주도록 돕는 것이 내가 하는 일이다.

수현이는 중학교 1학년 때 학교폭력과 연루되어서 강제로 전학당한 아이였다. 어려서부터 성격이 좋고 친구들과도 두루 잘 지냈지만, 한편 해야 할 일을 잘 못 챙기고 자기가 하는 행동의 결과를 생각 못 한 채 충동적으로 행동하는 편이었다. 학원 갈 시간을 자주 놓치는 데다, 다른 아이들이 친구를 괴롭힐 때 옆에서 거들다가 강제 전학당하는 수현이를 보면서 아빠는 야단도 쳐보고 집에서 쫓아내기도 했다. 수현이 아빠는 아이가 다른 사람들에게 피해만 주는 어른으로 자랄 것 같아 걱정된다고 했다. 자신이 일하는 회사에는 연락도 없이 지각하는 신입 사원이 있고, 자기 일을 제대로 못해 다른 사람들이 계속 받쳐줘야 하는 직원들도 있는데, 수현이가 그런 어른이 될 것 같다면서 걱정하셨다.

수현이는 주의력결핍과잉행동장애로 진단받아 약물 치료를 하고, 학원이나 학교 숙제를 챙기고 시간에 맞춰 학원에 가는 훈련을 시작했다. 지난 몇 년간 늘 지각과 결석을 하고 자기 할 일을 놓치는 아이였는데 고등학교 1학년 때는 수현이를 이해하고 인정해주는 담임 선생님을 만나 아이 스스로 선생님한테 좋은 모습을 보이고 싶다며 지각하는 버릇을 고쳤다. 고등학교 시절 내내 인터넷 게임 때문에 엄마와 입씨름하고 숨바꼭질하던 수현이가 좋은 대학에 진학했을 때, 수현이 부모님이 기뻐하시던 모습을 잊을 수가 없다. 처음 강제 전학을 당했을 때 수현이 엄마에게 자식 농사 잘못 지었다며 크게 야단쳤던 수현이 할아버지도 무척 기뻐하셨다. 할아버지에게 수현이는 첫 손자였는데, 그 애가 잘 자라는 모습을 지켜본 후에는 다른 손주들에 대해서 "어렸을 때의 모습으로 함부로 판단하면 안 된다"며 아이들이 자라는 것을 기다려주자고 하셨다.

현지는 중학교 3학년 때 음주, 흡연은 물론이고 가출도 했다. 남자친구와 몸싸움을 벌였을 뿐 아니라 자해와 자살 시도 등 여러 문제를 일으켜 입원까지 했던 아이다. 학교 수업을 자주 빼먹고 매일 담배를 피운 데다 엄마나 할머니한테 욕을 하고 엄마 물건이나 돈에 손을 대기도 했다. 아이가 탓하는 이유는 이랬다. "우리 집은 가난하고, 엄마 아빠는 저 어렸을 때부터 맨날 싸워서 집안 분위기가 너무 안 좋았거든요." 병원에 오랜 기간 다니면서 약을 먹고, 상담도 받으면서 현지의 마음속에 있던 우울이나 불안감이 줄어들고, 분노나 억울한 감정들도 조금씩 풀려갔다. 현지 또한 나이가 들고 정신적으로 성숙해지면서 엄마의 마음을 조금씩 이해하기 시작했다. 고등학교를 졸업할 무렵에는 엄마한테 아래와 같은 문자를 보내 모녀는 한참 동안 울기도 했다.

엄마 요즘 너무 힘들지? 그래도 조금만 참고 견디면 반드시 좋은 날이 올 거야. 힘들어도 엄마 잘 참을 수 있지? 엄마는 엄마니까. 엄마 항상 사랑해. 왜 요즘에 자꾸 내가 엄마를 속 썩이던 때가 생각나는지 모르겠어. 그때 엄마가 어떤 모습이었을까 생각하니까 맨날 눈물이 나와. 나중에 엄마가 없을 때 두고두고 생각날 것 같아. 엄마 너무 미안해. 그래도 엄마 이제 정말 잘할게. 예전에 많이 외로웠겠지만 이젠 옆에 나랑 동생들이 있잖아. 옛날 일은 잊고 앞으로는 편하게 삽시다. 사랑합니다. 엄마 다음에도 꼭 우리 엄마 해주세요. 알겠죠?

몇 년 동안 방황하면서 부모를 원망하던 현지가 '엄마가 나를 위해 애를 많이 쓰시는구나' '엄마도 안쓰러운 사람이구나'라고 생각하게 된 것은, 어느 날 새벽에 일어났다가 엄마가 현지를 위해 새벽기도 하는 것을 보고 나서였다. 지난 몇 년 동안 엄마가 자신을 위해서 새벽마다 기도했다는 것을 알게 되자 닫혀 있던 마음이 스르르 열렸던 것이다. 이처럼 사소한 일이 아이의 마음을 움직이기도 하고, 언젠가 별생각 없이 한 부모의 말이나 치료자의 말이 시간이 한참 흐른 뒤 아이들의 마음에 의미를 주고 위로가 되기도 한다.

지혁이는 학교에 있는 시간이 의미 없다며 고등학교 2학년 겨울방학에 자퇴했다. 삶과 인간에 대해 냉소적이었던 지혁이는 사는데 의미가 되는 일이 없다며, 그런 삶은 살고 싶지 않아 죽고 싶다고 말하는 아이였다. 부모님, 선생님에게 "왜 살아야 돼요"라고 물어보기도 했지만 자신이 찾는 대답이 주어지지 않자 "저는 아무리 생각해도 살 이유가 없어요"라면서 죽겠다고 했다. 사는 데 꼭 의미가 있어야 하는 것은 아니라며 나는 알베르 카뮈의 『시시포 신화』를 읽어보라고 권유했지만, 아이는 책 속에서 의미를 찾는 것에 대해서는 회의적이라고 했다. 병원도 오다 말다 해 근황을 잘 알 수 없었는데, 마지막으로 병원을 방문한 지 3년 만에 편지를 보내왔다.

선생님 올해 대학에 들어갔어요. 여유 시간이 생겨서 이 책 저 책 읽어보다가, 전에 선생님이 추천해준 카뮈의 『시시포 신화』가 생각나서 읽어보게 됐어요. 굉장히 인상적으로 읽었어요. '살아가는 것'의 의미를 고민하던 그때의 제가 읽었다면, 어쩌면 더 좋았을 거라는 후회도 잠시 해봤어요. 하지만 '왜 사는가'는 누구나, 언제나 고민하는 원초적인 질문이기에, 지금이라도 이 글을 접해

볼 수 있었던 것에 감사해요. 좋은 책 알려주셔서 감사하다고 인사드리고 싶었어요.

편지를 받고 아이가 잘 자라고 있다는 사실이, 인생의 의미를 발견해가며 다른 사람에게 고마워할 줄 알게 된 것이, 아이가 부모님의 마음도 알아주고 있겠구나 하는 것이 고맙게 느껴졌다. 모든 아이에게 언젠가는 그런 순간이 온다. 스스로 자라서 삶의 의미를 발견하는 순간이…….

제 2 부

아이의 빛나는
내면을
발견하려면

코끼리를
들어올린
개미

진료를 하다보면 아이들이 좋아하는 게임이나 캐릭터, 웹툰이나 음악에 대해 얘기하면서 나한테도 권해주곤 한다. "선생님도 꼭 들어보세요." "그 책 꼭 읽어보세요." 빈스 포센트의 『코끼리를 들어올린 개미』도 정민이가 읽어보라고 권해준 책이었다.

『코끼리를 들어올린 개미』에서 작은 개미 윌리는 폭풍우 때문에 동료 개미들로부터 떨어져 낯선 곳에서 혼자 지내게 된다. 어느 날 까마귀에게 오아시스에 가면 원하는 것이 다 이루어진다는 얘기를 듣고 오아시스로 가는 것을 꿈꾸던 윌리는, 자기가 살고 있는 곳이 덤보라는 코끼리 등 위라는 것을 깨닫는다. 윌리는 소심하고 겁 많은 덤보를 움직여 오아시스로 가려고 하지만 덤보는 좀처럼 움직이지 않는다. 그때 이 모습을 지켜보던 현명한 부엉이인 브리오가 이런 말을 한다. "코끼리의 아우성에 주의를 기울여라. 감정의 힘을 결코 무시하지 마라." 정민이는 "선생님, 저는 제가 저 자신의 주인인 줄 알았거든요. 그런데 알고 보니 저도 잘 모르는 제 마음속 감정들이 저를 움직이는 거더라고요. 제가 원하는 것을 하려면 제 마음에 귀 기울여야 한다는 것을 알게 됐어요"라고 말했다. 아이의 빛나는 내면을 목격한 순간이었다.

정민이의 말처럼 사람을 움직이는 것은 의지나 생각보다는 감정일 때가 많다. 설명하기 어려운데 화가 나거나 슬플 때, 머리로는 알겠는데 의욕이 생기지 않을 때 나도 모르는 감정이 마음속에 일어나 내 행동에 영향을 주고 있을 수 있다. 그런 까닭에 내 마음속에 어떤 코끼리가 살고 있는지, 나에게 어떤 영향을 주고 있는지 늘 살펴보는 것이 중요하다.

아이와 부모의 관계도 이런 감정으로부터 영향을 많이 받는다. 아이를 이해하려면, 아이와의 관계가 좋아지려면, 혹은 아이의 행동을 바꾸고 싶다면 부모와 아이 모두의 마음에서 일어나는 감정부터 이해해야 한다. 민석이 엄마는 민석이에게 자꾸 심한 말을 하게 된다고 했다. 민석이는 해야 할 일을 안 하는 아이로, 숙제하라고 하면 1분마다 일어나서 방 밖을 드나들며 화장실 갔다가 물 먹었다가 했다. 밥 먹을 때도 한입 먹고 돌아다니거나 식탁에 매달려 있고, 양치질하라고 하면 화장실에 15분 넘게 있으면서 욕실 바닥을 물과 치약으로 더럽게 만들었다. 말도 너무 많은 데다, 하루 종일 엄마 엄마 부르면서 "이거 해주세요" "저거 해주세요" 하니 엄마로서 무척 버겁고 힘들었다. 처음에는 "가만있으면 안 될까?"라고 달래다가 다시 화를 내봤다가 태도를 바꿔서 "민석아 너 지금 뭐 해야 하니? 다시 한번 천천히 생각해봐" 하고 다독였다. 그래도 아이의 행동이 바뀌지 않으면 "내가 너 같은 걸 왜 낳아서 이 고생을 해야 하니?"라면서 심한 말을 내뱉었다.

민석이 엄마 현주씨는 원래 좋은 엄마가 되고 싶었다. 민석이를 낳고 얼마 안 돼 아토피 때문에 아이가 밤새 몸 이곳저곳을 긁으면서 잠을 못 자는 것을 보고는 현주씨 자신이 뭘 잘못해 아이가 아픈 듯싶어 마음이 몹시 안 좋았다. 아이의 아토피를 고치려고 몇 년 동안 병원과 한의원을 다녔고 각종 보습제를 바르거나 민간요법을 쓰는 등 안 해본 것이 없었다. 사실 아이에게 아토피가 생긴 것은 현주씨 잘못이 아닌데, 마치 자기 잘못인 것 같은 과도한 죄책감과 좋은 엄마가 아니라는 실패한 느낌이 들었고, 이 때문에 무리해서 아토피 치료를 받으러 더 열심히 데리고 다녔던 것이다. 4~5년 동안 엄마가 노력한 것이 효과를 발휘했는지 민석이의 증상은 호전되기 시작했다.

현주씨가 한숨 돌리고 죄책감과 실패감에서 벗어나기 시작할 무렵, 이번에는 민석이의 산만함과 과잉행동이 눈에 띄기 시작했다. 아이는 말이 많고 끊임없이 지적하지 않으면 할 일을 챙기지 못하는 데다, 요구하는 게 너무 많아 현주씨를 지치고 힘들게 했다. 병원에서 주의력결핍과잉행동장애로 진단받은 후에는 아이가 더 미워지고 화가 났다. 겨우 아토피를 치료해놨더니 또다시 ADHD라는 병명을 듣게 돼 여태 했던 고생을 반복해야 한다는 부담감과 어쩔 줄 모르겠는 무력감이 스며들었다. 난 역시 좋은 엄마가 아니야라는 실패감은 여지없이 속마음을 파고들었고, 그럴수록 아이를 보면 화가 더 났다. 그러면 안 되는 줄 알면서도 현주씨가 민석이에게 심한 말을 한 것은 이런 부담감, 무력감, 분노라는 감정 때문이다.

감정의 영향을 많이 받는 것은 아이도 마찬가지다. 청소년 자녀, 특히 남자아이를 키우는 부모님 중 아침에 일어나는 문제로 아이와 매일 다투는 것이 힘들다고 말씀하시는 분이 많다. 그 문제 가운데는 아이가 아침잠이 많거나 자기 관리를 잘 못 하는 것도 있지만, 엄마에 대한 감정 때문에 발생하는 것도 있다. 지금 안 일어나면 학교에 지각할 것 같아 아이를 깨웠는데, 아이가 안 일어나서 지각하거나 지각할 뻔하게 되면, 엄마는 걱정돼서 이튿날 더 일찍 깨우게된다. 청소년기 아이들은 부모의 간섭 없이 독립적으로 '알아서' 하고 싶은데, 엄마가 깨울 때 일어나면 '엄마가 시켜서' 일어난 것이 되니까 '독립적이지 않다'는 느낌, '지는 것' 같은 느낌이 싫어서 안 일어나기도 한다. 학교에 지각하는 것을 싫어하고 친구들이나 선생님에게 좋은 모습을 보이고 싶어하는 아이도, '엄마가 깨워서 일어나는 것'이 싫어서 깨울 때는 누워 있다가, 지각하지 않을 마지막 순간에 스스로 일어나서 후다닥 챙겨서 나가는 경우도 종종 본다. 이런 아이들과 부딪치지 않으려면, "지기 싫어하고 알아서 하고 싶은" 아이 마음을 잘 이해하는 것이 중요하다.

초등학교 3학년 지완이는 진료실에서 엄마와 함께 방학 보낸 이야기를 하다가 엄마가 "얘는 휴대폰만 해요"라고 말하니까, "저는 숙제도 하고 책도 읽고 레고도 했는데 엄마는 항상 제가 잘못한 것만 봐요"라면서 짜증을 냈다. 실제로 방학 내내 휴대폰을 많이 했고 그 때문에 엄마랑 싸우는 아이였다고 하더라도, 또한 아이도 자신이 휴대폰을 조절하지 못하는 게 문제임을 알고 있다 하더라도, "휴대폰만 해요"의 '만'이 너무 속상해서 엄마한테 화를 내거나 자기 잘못을 인정하지 않을 수 있다. '만'이라는 표현에 엄마가 아이를 답답하며 한심하다고 여기는 마음이 묻어나와서, 아이 마음속의 코끼리, 즉 감정을 건드렸기 때문이다. 이렇게 우리 마음속 감정들은 자기도 모르게 말과 행동에 배어 다른 사람에게 상처를 주기도 하고 부메랑처럼 되돌아와 우리에게 상처를 입히기도 한다.

아이를 키우다보면 엄마는 내 마음속의 코끼리와 아이 마음속의 코끼리를 둘 다 끌고 오아시스를 찾아가는 개미가 되곤 한다. 두 마리 코끼리와 함께 무사히 오아시스에 도착하려면, 내 마음속 코끼리와 아이 마음속 코끼리에게 귀 기울이고, 이해하며, 또 코끼리를 움직이는 방법과 전략을 고민하는 것이 필요하다.

주의력결핍과잉행동장애_{ADHD}

ADHD는 아동기에 많이 나타나는 장애로 지속적으로 주의력이 부족해 산만하고 과잉 활동, 충동성을 보이는 상태를 말한다. 차분하게 앉아 있지 못하고 부산하거나 계속 움직이고 에너지가 넘치며 자주 넘어지거나 위험한 행동을 하는 과잉행동, 지시가 끝나기도 전에 성급하게 반응하고 위험한 행동, 불필요한 행동, 나중에 후회할 행동을 자주 하는 충동성, 해야 할 것을 잘 까먹고, 물건을 자주 잃어버리며, 멍하니 있거나 딴생각을 하느라 다른 사람의 말을 놓치는 주의력결핍 등이 주요 증상이다. 이런 증상 때문에 부모는 아이에게 끊임없이 잔소리할 수밖에 없어 관계가 손상된다. 전 세계적으로 아동 청소년의 ADHD 유병률은 학령기 아동의 3~8퍼센트 정도로 매우 흔하다.

ADHD는 주의집중력과 행동조절을 담당하는 뇌 부위의 발달이 느려 기능을 충분히 하지 못해서 발생한다고 여겨진다. ADHD 아이들에게서는 뇌 안에서 주의 집중 능력을 조절하는 신경전달물질(도파민, 노르에피네프린 등)의 불균형도 관찰된다. 따라서 ADHD에는 약물 치료가 가장 중요하며 환자의 80퍼센트 정도가 분명한 호전을 보인다. 집중력, 기억력, 학습 능력이 전반적으로 향상되고, 과제에 대한 흥미와 동기가 강화되면서 수행 능력이 좋아진다. 더불어 주의 산만함, 과잉 활동, 충동성은 줄어들고, 부모와 선생님을 잘 따르며 긍정적인 태도가 나타난다. 하지만 약물 치료만으로 모든 것이 해결되진 않는다. 병에 대한 정확한 정보를 얻고 아이를 도와줄 수 있게 하는 부모 교육, 아동의 충동성을 감소시키고 자기조절 능력을 향상시키는 인지행동 치료, 기초적인 학습 능력 향상을 위한 학습 치료, 놀이 치료, 사회성 그룹 치료 등 다양한 치료가 환아의 필요에 맞게 병행되어야 한다.

ADHD가 있는 아이들은 충동적이고 산만한 행동 때문에 야단이나 꾸중과 같은 부정적인 얘기를 자주 듣는다. 따라서 주변에서 말을 안 듣는 아이나 문제아로 평가되며, 스스로도 자신을 나쁜 아이, 뭐든 못하는 아이로 생각한다. 이런 일이 반복되면 환아는 자신감을 더 잃는다. 주의 집중 결함이나 충동성 때문에 또래 관계가 힘들어지고, 따돌림을 당하기도 한다. 따라서 부모나 교사가 자신감을 회복할 수 있도록 칭찬 거리를 찾아 최대한 많이 칭찬해주는 것이 요구된다. 문제 행동을 지적할 때는 감정을 싣지 않고 가라앉은 목소리로 단순하게 하는 것이 좋다. 부모나 교사가 흥분하거나 화내는 모습을 보이면 ADHD가 있는 아이들은 다른 아이들보다 더 쉽게 따라 하게 된다. 주의를 흐트러트릴 수 있는 자극이 적도록 치료 우호적인 환경을 조성하는 것도 요구된다. ADHD는 비교적 잘 치료되는 문제로, 내 아이가 또래들과 비슷한 정도로 잘 자랄 수 있다는 믿음을 부모가 갖는 것이 가장 중요하다.

십대의 뇌:
전두엽과
변연계

『코끼리를 들어올린 개미』에서는 인간 뇌의 두 측면 가운데 비평적, 분석적인 일을 담당하는 부분을 '개미'로, 본능적이고 충동적이며, 감정과 기억을 담당하는 부분을 '코끼리'로 표현한다. 실제로 우리 뇌에는 비평적, 분석적인 일을 담당하는 부분과 본능적이고 충동적이며 감정과 기억을 담당하는 부분이 따로 있다.

심리학자 폴 매클린은 『진화에서의 삼위일체의 뇌The Triune Brain in Evolution: Role in Paleocerebral Functions』(1990)에서 인간의 뇌를 크게 세 층으로 나누었다. 인간의 뇌는 굉장히 복잡하게 기능하기 때문에 이러한 분류가 그 기능을 지나치게 단순화한다는 비판도 제기되지만, 직관적으로 뇌를 이해하는 데 도움이 될 수 있는 설명이다.

먼저 뇌의 1층인 뇌간은 가장 기본적인 생명과 관련된 부분을 담당하며, 생명의 뇌, 파충류의 뇌라고도 불린다. 뇌간과 시상하부는 심장, 폐의 기능과 함께 내분비계와 면역체계를 조절해 생명 유지에 기본이 되는 이 시스템들이 안정적으로 균형(항상성)을 이루며 정상적으로 기능을 유지하도록 한다.

두 번째 층인 변연계는 포유류의 뇌 혹은 '감정의 뇌'라고 불린다. 기억을 담당하는 해마, 감정 반응과 특히 공포 반응을 담당하는 편도체, 호르몬을 조절하는 시상하부도 변연계에 속한다. 불안, 공포와 더불어 애착이나 사랑받고 있다는 느낌도 변연계가 담당하며, 갑작스럽게 위험이 닥쳤을 때 싸우거나 도망가는 fight or flight 반응을 보이는 것도 변연계의 역할이다. 변연계는 엄마 배 속에서부터 애착이 형성되는 시기인 생후 첫 3년간 매우 활발하게 자라고 청소년기까지 지속해서 발달한다.

세 번째 층은 인간의 뇌라고 할 수 있는 대뇌피질이다. 대뇌피질은 인간 뇌의 약 80퍼센트를 차지하는데, 운동, 감각, 언어, 집중, 사

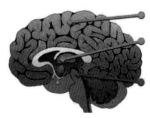

대뇌피질
이성적이거나 생각하는 뇌

변연계
감정의 뇌

파충류의 뇌
본능적 또는 공룡의 뇌

고, 각성 및 의식 등의 중요 기능을 담당한다. 대뇌피질은 위치별로 전두엽, 두정엽, 측두엽, 후두엽으로 나뉘며, 각각 구분된 역할을 한다. 또한 각 엽은 서로 다른 기능을 담당하는 작은 부위들로 구성된다. 이러한 부위 가운데 감정을 조절하고 이성적인 판단을 담당해서 '생각하는 뇌'의 기능을 하는 것은 전두엽, 특히 전전두엽이다. 여러 정보를 종합하여 상황을 판단하고, 결과를 예측해 계획을 세우며, 이를 실천해가는 것도 모두 전전두엽의 기능이다. 전두엽의 생각하는 기능이 잘 이뤄지는 상태에서는 주어진 상황에 대한 정보를 종합해 이성적으로 판단할 수 있다. 감정이 과잉 활성화되는 것을 억제하고, 상황에 맞게 감정을 조절하며, 정서를 어느 정도로 표현할 것인지 합리적으로 판단하고 행동할 수 있다. 다른 사람의 기분이나 감정, 입장을 이해하는 것도 전전두엽이 하는 일이다. 이런 전전두엽이야말로 인간을 인간답게 만들어준다고 할 수 있다.

무슨 일이 생겼을 때 '감정의 뇌'인 변연계는 위험을 감지하고 심리적, 생리학적으로 싸우거나 도망가는 반응을 시작하는 역할을 한다. 낯선 적이 출현하거나 위협을 감지할 때 맞서 싸우거나 도망칠 준비를 하며 교감신경계가 주도권을 잡아 근육을 긴장시키고 필요한 에너지를 총동원한다. 이후 '상황'이 종료되면 교감신경계는 자기 역할을 내려놓고 부교감신경계가 나서서 몸을 이완시키며 정상 상태로 되돌린다. 원시시대에는 호랑이나 뱀 같은 잠재적인 위험이 될 수 있는 것들을 빠르게 파악해서 피하는 것이 더 중요하기 때문에 다소 정확하지 않더라도 신속한 대처가 필요했다. 그런 까닭에 '감정의 뇌'인 변연계는 빠르게 우리 몸을 준비시키는 역할을 하지만, 주어지는 정보를 대략적으로 평가하기 때문에 부정확할 수도 있다.

이에 비해 전전두엽은 가능한 한 많은 정보를 취합해서 분석·판단하고 여기에 따라서 대처하는 능력을 담당하기 때문에, 변연계에 비해 다소 느리지만 정확하다. 호랑이나 뱀을 마주친 것과 같은 응급 상황에서는 일단 살아남으려고 전두엽보다 변연계가 더 빠르게 작용해 급히 도망갈 수 있도록 한다. 그렇지만 일단 안전한 상황으로 돌아오면 실제로 본 것이 호랑이였는지 고양이였는지 되돌이켜 보고 향후에는 비슷한 상황에 부딪혔을 때 어떻게 하겠노라고 판단하는 것이 전전두엽의 역할이다.

내일이 시험인데 중2 아들이 다섯 시간째 컴퓨터 게임을 하고 있다고 가정해보자. 시험 공부는 안 하고 게임만 하는 것이 답답할 뿐 아니라 화도 나서 엄마는 "야, 내일 시험인데 공부는 대체 언제 하려고 그러는 거야!"라며 소리를 질렀다. 이때 아들은 우선 엄마의 소리에 놀란다. 전두엽을 이용해서 생각하는 모드로 들어가기 전에 변연계가 대폭 활성화되면서 대들거나 혹은 피하는 모드로 들어간다. "내가 알아서 할 건데 엄마가 왜 간섭이야?"라며 같이 소리 지르거나, 변명하거나, 엄마를 피해서 문을 쾅 닫고 방에 들어가버린다. 마치 호랑이나 뱀을 만났을 때처럼 싸우거나 도망가는 반응을 보이는 것이다. 이런 상태에서는 자신이 무엇을 잘못했는지, 엄마가 왜 그런 말을 하는지 생각하기 어렵다. 아이가 엄마의 말을 잘 받아들이도록 하려면 변연계보다는 전전두엽으로 생각할 수 있도록, 엄마가 안정적인 목소리와 차분한 태도로 이야기하는 것이 요구된다.

아이들의 뇌는 계속 자라는 중이다. 특히 청소년기를 지나면서 대뇌피질의 성숙이 완성되는데 그중 전전두엽의 발달이 가장 늦어서 20대 초반에야 마무리된다. 따라서 청소년들은 감정을 강하게 경험하는 데 비해 이를 통제하는 능력은 아직 충분치 않다. 감정을 담당하는 변연계의 발달에 비해 이를 통제하고 조절하는 전두엽은 덜 발달한 시기이기 때문이다. 전두엽은 상황의 맥락이나 다른 사람의 마음과 감정, 입장을 이해하는 능력도 담당하므로 청소년기 아이들은 다른 사람의 입장을 고려하기보다는 자기 입장에서 생각하는 경향이 있다. 더구나 부모에 대해서는 복잡다단한 감정을 느끼는 탓에 부모의 입장을 잘 고려하기는 어렵다.

내 마음속의 코끼리와 아이 마음속의 코끼리를 둘 다 끌고 오아시스를 찾아가는 현명한 개미가 되려면, 아이들의 뇌가 어떻게 작용하는지, 또 어떻게 발달하는지 이해해야만 한다.

감정에
이름 붙이고
읽어주기

코끼리를 움직이는 첫 번째 단계는 코끼리가 거기 있다는 것을 이해하고 인정하며 그에게 이름을 붙여주는 것이다. 바깥에서 보이는 말이나 행동이 아니라 마음에서 일어나는 감정에 관심을 기울이고, 이러한 감정들을 읽어주며 '언어화'하는 것이 중요하다는 뜻이다.

고등학교 1학년인 서영이는 우울한 감정 때문에 병원을 찾아왔다. 서영이 엄마는 우울한 것보다 아이의 체중이 많이 나가는 게 더 걱정이라고 했다. 중2 때 50킬로그램대 후반이었던 서영이는 2년 만에 체중이 급격히 늘어서 최근에는 84킬로그램이 되었다. 서영이 엄마는 아이의 체중이 느는 것을 보노라면 숨이 턱턱 막힌다고 했다. 서영이도 요즘 아이들이 자기를 자꾸 쳐다보는 것 같고, 뚱뚱하다고 놀리는 느낌이 들어서 학교에 다니는 게 힘들어졌고, 자퇴까지 고려하게 되었다.

서영이 엄마는 딸이 갑자기 살찌니까 매일 체중을 재고, 식단 조절을 하고, 함께 운동도 했지만 살은 좀처럼 빠지지 않았다. 그러던 와중에 고등학교에 입학하자마자 서영이가 반 애들이 살쪘다고 놀린다며 학교를 그만두고 싶다 하니, "너 혼자 그렇게 생각하는 거지 사실 애들은 너한테 관심도 없어" "조금만 견뎌봐. 그러면 안 쳐다볼 거야" "그래서 엄마가 살 빼라고 그렇게 말했잖니" "평소 엄마 말 좀 들으면 얼마나 좋니?"라고 말했다. 서영이 엄마가 한 얘기는 대부분 서영이의 마음속 감정을 읽어주기보다는 해결책을 제시하거나 설득, 판단, 비판하는 것이다. 서영이 엄마뿐 아니라 대부분의 엄마는 아이가 어떤 일에 대해서 말할 때 문제에 대한 해답을 내놓는 경향이 있다.

『화성에서 온 남자 금성에서 온 여자』는 남자와 여자가 대화하는 방식에는 한 가지 차이가 있다고 말한다. 즉 여자들은 감정을 이야기할 때 상대가 귀 기울여 듣고 공감하고 이해해줬으면 하는데 남자들은 어떻게든 해결책을 제시하려들고 감정을 무시하는 특징이 있다고 한다. 모든 남자와 여자가 그런 것은 아니겠지만, 대화할 때 감정을 따라가는 것이 중요하다고 생각하는 사람과 문제를 해결하는 것이 중요하다고 생각하는 사람이 있는 것은 사실이다. 그리고 아이들이 부모에게 바라는 점은 해결책을 제시하거나 설교와 비난, 판단을 하는 것이 아니라 자신의 감정을 이해해주는 것이다.

서영이도 그랬다. "엄마가 살 빼라고 그렇게 말했잖니"라는 말을 들으면 숨이 턱턱 막힌다고 했다. 이 말을 바꾸면 "결국 엄마 말 안 들은 제가 잘못했다는 거잖아요"라며 서영이는 섭섭해했다. "학교에서 친구들이 바라보는 시선이 힘들다는 말 한마디 했을 뿐인데, 엄마는 저를 너무 쉽게 판단하고 10분도 넘게 비난하고 설교해요." 서영이는 조금이라도 힘들다거나 어렵다는 말을 하면, 엄마가 자기를 탓하고 잘잘못을 따지는 게 싫었다. 그냥 딸이 힘들어한다는 사실을 엄마가 알아줬으면 싶었다. "그냥 제가 힘들었던 것을 같이 이해해줬으면 좋겠어요. 저는 그것만 해줘도 되거든요. 딱히 해결책을 바라는 것도 아니고 그냥 이해만 해줘도 괜찮거든요. 누군가 나를 이해해주고 있구나, 내가 힘들었던 거에 공감해주는구나 하는 마음만 들어도 저는 잘 털어놨다 이런 생각을 할 것 같은데요. 힘들다는 말을 하면 엄마가 보이는 반응이 저를 더 힘들게 해서 말을 안 하게 돼요"라고도 했다.

부모는 아이에게 더 나은 방법을 알려줘야겠다거나, 잘못된 행동을 가르치고 고쳐야겠다는 생각을 할 수도 있다. 그렇지만 부모가 나무라고 지시하면 아이는 부인하고 변명하게 된다. 설교와 비판, 판단하는 말은 아이에게 좌절과 분노를 불러일으킬 뿐 행동을 변화시키는 데 도움이 되지 않는다. 행동을 바꾸고 싶다면 아이의 감정에 관심을 기울여보자.

속상하거나 화나거나 억울한 감정은 그 기분을 정확히 짚어주면서 '언어화'하고 공감해주면 수그러든다. '아이들이 자꾸 놀리니까 속상하구나' '아이들이 살 얘기를 자꾸 하니까 화났겠다' '너도 살찐 게 속상하고 싫은데 애들이 자꾸 놀리니까 더 상처 받았겠다'라면서 마음을 읽어주면, 누군가가 이해해준다는 느낌 때문에 서럽고 분노했던 감정들이 가라앉는다. 감정이 좀 차분해져 논리적으로 생각할 수 있는 상태가 되었을 때 상황과 문제를 좀더 객관적으로 바라보게 된다. "서연이도 노력해도 잘 안 빠져서 속상한데, 친구들이 놀리기까지 하니 속상하고, 서운하고, 화가 나기도 하겠어" 하고 마음을 읽어주면 오히려 "그러게요. 친구들이 너무한 것 같아요. 제 상황도 잘 모르면서…… 그래도 자꾸 놀림받는 거 싫으니까 식사 조절 더 잘 할래요"라며 감정을 덜어내고 문제를 해결하는 방향으로 나갈 가능성이 더 높아진다. 또 이런 과정을 통해 아이들도 자기 감정과 다른 사람의 감정을 이해하는 능력을 키울 뿐 아니라 감정을 조절하는 능력도 갖게 된다.

엄마들 중에 마음을 읽어주는 것이 아이의 잘못된 행동에 동조하거나 허락하는 듯한 느낌이 들어서 그런 말이 잘 안 나온다고 하는 분들이 가끔 있다. 그렇지만 "속상했겠다, 힘들었겠다"라고 말해주는 게 아이의 행동이 옳다고 하는 뜻은 아니다. "오늘 수업 시간에 친구들이 다 같이 떠들었는데 선생님이 저만 혼냈어요. 선생님이 저만 미워하나봐요"라고 아이가 말할 때 "선생님한테 혼나서 속상하구나" "선생님이 너만 미워한다고 느껴지면 기분이 많이 나쁘겠다"라는 대답을 했다고 해서 아이가 잘못하지 않았다는 의미이거나 '선생님이 나만 미워한다'는 아이의 말에 동의한다는 뜻은 아니다. 아이가 느낀 속상함, 분노, 좌절감에 공감한다는 뜻이다. 아이가 느끼는 감정과 아이의 행동은 분리해서 대응하는 것이 중요하다. '수업 시간에 떠든 것'이라는 문제 행동을 지적하기 전에, 혼자만 꾸지람 들어서 억울한 아이의 감정을 짚어주는 것이 필요하다는 뜻이기도 하다. 이렇게 억울하고 속상한 아이의 마음을 먼저 이해해주면 문제 행동에 대해서 이야기할 때 훨씬 더 쉽게 받아들일 수 있다.

부모도 걱정되거나 불안할 때 화를 내기도 하는 것처럼 아이들도 속상하거나 불안할 때, 또는 어떻게 해야 할지 막막할 때 짜증내거나 남 탓을 하거나 버릇없게 굴 수 있다. 또 자신의 마음을 부모나 다른 사람이 이해해줄지에 대해 두려울 때도, 마치 고슴도치처럼 가시를 세우고 짜증 내거나 화를 낼 수도 있다. 이런 행동을 할 때 아이의 짜증, 남의 탓, 버릇없음에 대해서 비난하기 전에, 아이의 마음속에 있는 불안, 막막함, 좌절감, 두려움, 외로움을 읽어주어야 그 마음에서 일어나는 '진짜 감정'을 들여다볼 기회를 얻을 수 있다.

아이가 자기 마음에서 일어나는 일을 모를 때에도 아이의 감정을 읽어주는 것이 도움이 된다. "목소리가 갑자기 커지고 빨라진 것을 보니 화가 많이 난 모양이다"처럼 아이가 스스로 알아차리지 못하고 있는 감정을 거울처럼 비춰주는 것이, 아이가 자신의 감정을 이해하고 조절하는 능력을 키우는 데 도움이 된다. 한번은 키 187센티미터에 95킬로그램쯤 되는 고등학교 2학년 남자아이가 진료실에서 엄마와 함께 컴퓨터 사용 시간에 대해 이야기를 하다가 엄마에게 소리 지른 적이 있다. "진수야, 컴퓨터 게임 하는 게 너한테 유일한 낙인데 엄마가 시간을 제한하니까 화났구나. 그런데 지금 네가 갑자기 큰 소리로 얘기해서 선생님이 깜짝 놀라고 순간 무서웠어. 네가 엄마나 선생님보다 키도 훨씬 크고 덩치도 크잖아. 그러니 네가 조금만 소리 질러도 깜짝 놀랄 수 있어" 하고 얘기해줬다. 진수는 조금이라도 큰 소리로 말해야 엄마가 자신에게 게임이 얼마나 중요한지 알아줄 것 같아서 그랬다며 죄송하다고 사과했다. 진수의 마음속에서 자신은 여전히 엄마에게 게임 때문에 잔소리 듣던 초등학교 4학년생인 것이다. 아이들은 아직 자기 마음에서 일어나는 감정을 알아차리는 것이 어렵고, 자신의 감정이 다른 사람에게 미치는 영향을 이해하는 것은 더더욱 어렵다.

따라서 엄마와 아이 사이의 관계를 개선하고 문제를 해결하려면 둘의 마음에서 일어나는 감정을 잘 들여다보고, 이런 감정들에 이름을 붙여서 언어화하며, 풀어가는 것이 가장 중요하다.

훈육의 말과
감정 표현법

훈육은 규칙이나 규범에 따라 행동하도록 가르치는 과정이다. 훈육의 기본은 감정을 읽어주긴 하되 행동은 명확하게 제한하는 것이다. 엄마들 중에 이처럼 아이의 행동을 제한하는 것에 어려움을 느끼는 분들이 있다. 영진이 어머니도 그랬다.

영진이는 몇 달 전 컴퓨터 게임을 시작하고부터 밤에 자다가 게임하게 해달라고 발을 쿵쿵 구르며 떼를 쓰기 시작했다. 그냥 내버려두면 하루에 14~15시간씩 하고, 게임을 못 하게 하면 부모에게 화를 벌컥 내고, 꼬집거나 발길질하거나 심할 때는 죽여버린다며 부엌에 칼을 가지러 가기도 했다. 영진이가 화를 너무 심하게 내니까 엄마도 게임을 강력하게 제한하기 어려워졌고, 이 문제로 부부는 자꾸 다퉜다. 게임 중독과 충동 조절 문제로 입원이 필요하다는 얘기도 들었다. 영진이 어머니께는 힘들어도 우선 게임 시간을 제한해보자고 말씀드렸다. 일단 시간을 정하면 영진이가 짜증 내거나 화낸다고 해서 게임 시간을 추가로 주지 말고 버텨보라고 말씀드렸다. 대신 아이와 바깥 활동을 하거나 보드게임 등 다른 즐거운 활동을 하면서 시간을 보내도록 도와주게 했다.

한 달 뒤 영진이 엄마는 처음으로 영진이의 게임 시간이 줄었다고 했다. 영진이가 소리 지르거나 화내면 늘 깜짝 놀라고 불안해서 게임을 허락해줬는데 그러다보니 원하는 게 있으면 소리를 더 많이 지르는 것 같다고 하셨다. 얼마 전 처음으로 안 된다고 말한 것을 끝까지 안 들어줬는데, 그랬더니 소리를 더 많이 지르다가 며칠 지나니까 짜증 부리거나 화내는 시간이 줄고 한번 정한 것은 받아들이기 시작했다. 물론 여전히 가끔 징징거리기도 하지만 이젠 '엄마가 안 된다고 한 것은 절대 해주지 않는다는 것'을 깨달은 것 같다고 하셨다.

사실 아이들도 짜증을 내면 원하는 것을 들어주는 상황에서는 부모가 어디까지 들어줄지 모르기 때문에 짜증을 계속 더 많이 내게 된다. 이런 행동은 사실 아이한테도 힘들기 때문에, 부모가 제한하기로 마음먹은 것은 일관되고 명확하게 해서 해도 되는 것과 안 되는 것의 경계를 분명히 해주는 것이 아이한테도 더 편하다. 물론 이렇게 제한하는 것의 가짓수가 많아서는 안 된다. 한마디로 들어줄 것은 말씨름하지 말고 빨리 들어주고, 안 된다고 할 것은 일관되게 안 된다고 하는 것이 좋다.

아이의 잘못을 지적할 때는 나-메시지I-message를 사용하는 것이 좋다. 임상 심리학자 토머스 고든은 『부모 역할 훈련』에서 나-메시지를 사용하는 것이 아이를 비난하지 않고 문제 행동에 대한 부모의 느낌이나 입장을 전달하는 데 효과적이라고 말했다. 예를 들어 "귀찮게 좀 하지 마"는 아이를 비난하는 말이지만 "엄마가 피곤해서 지금은 블루마블 게임을 못 할 것 같아"는 엄마의 상황이나 감정을 중립적으로 전달한다. 블루마블 게임을 못 한다는 결과는 동일하지만, 나-메시지로 전달하면 적어도 아이가 자기 탓이라고 생각하거나 자기를 비난하지는 않게 된다.

토머스 고든은 나-메시지의 3단계로 첫째 받아들일 수 없는 '행동', 둘째 부모의 '감정', 셋째 아이의 행동이 부모에게 미치는 구체적이고 실제적인 '영향'을 설명하는 것이 좋다고 말했다. 지난겨울 영진이가 밤늦게까지 컴퓨터 게임을 하자 영진이 아빠가 한마디 했는데, 아이는 아무런 말도 없이 집을 나가버렸다. 아주 추운 날이었는데, 영진이가 옷도 제대로 입지 않고 나가는 것을 보고 깜짝 놀라서 아빠가 파카를 들고 따라 나섰지만 찾지 못해 몇 시간이나 동네를 빙빙 돌았다고 했다. 영진이 엄마는 영진이도 걱정됐지만, 찬 바람이 많이 부는데 영진이 아빠가 맨발에 샌들만 신고 동네 사거리 앞에 서 있는 것이 너무 마음 아팠다고 하셨다.

이런 경우 받아들일 수 없는 아이의 '행동'은 '늦은 시간에 어디로 가는지 말하지 않고 밖으로 나간 것'이다. 영진이에게 이 행동에 대해서 이야기할 때는 되도록 판단이나 비난을 담지 않고 중립적으로 하도록 노력해야 한다. "말도 안 하고 허락도 안 받고 늦은 밤에 밖에 나가다니 너는 생각이 있는 아이니?"는 엄마들이 흔히 자녀에게 하는 말인데, 아이가 사려 깊지 못하다는 판단과 비난이 담겨 있는 너-메시지다. 좀더 중립적으로 "아까 네가 어디로 가는지 말하지 않고 밖으로 나갔다"며 행동에 초점을 맞춰서 이야기하는 것이 아이가 잘못된 행동을 인지하도록 하는 데 유리하다.

그다음에는 아이의 행동에 대한 부모의 감정을 표현한다. "날씨가 추운데 네가 옷도 잘 챙겨 입지 않고 밖에 나가서, 어디로 갔는지, 언제 집으로 돌아올지 모르니 엄마 아빠가 너무 걱정됐다"고 이야기하면 부모가 아이를 걱정했던 '감정'이 잘 전달된다. "늦은 밤에 말도 안 하고 밖에 나가다니 너는 생각이 있는 아이니?"라며 부모가 아이에게 화낼 때에도 사실 그 마음 아래에는 속상하다거나 걱정된다거나 불안하다거나 하는 감정이 숨어 있다. 하지만 이때 아이에게 화를 내면 아이는 부모 마음속에 있는, 자신을 걱정하고 염려하며 사랑하는 감정은 알아차릴 수 없고 그저 자신에게 화내는 부모에게 똑같이 분노하게 된다. 반대로 부모 자신의 감정에 대해서 정확하게 말하면, 부모를 걱정시킨 것에 대한 미안한 마음을 가질 수도 있다. 때로는 부모도 자기 마음속에 있는 불안이나 걱정을 알아차리지 못하고 모호한 분노와 짜증만 느끼는데, 이럴 때는 부모 자신의 감정을 잘 들여다보는 것이 중요하다. 화와 짜증 아래 숨겨져 있는 진실한 마음을 전달해야 아이의 행동을 바꿀 수 있다.

마지막으로 아이의 행동이 부모에게 미친 구체적인 영향에 대해 살펴보자. "아까 네가 어디로 가는지 말하지 않고 밖으로 나갔지. 밤도 늦고 날씨도 너무 추운데 네가 옷도 잘 챙겨 입지 않고 나가서 엄마 아빠가 계속 걱정했어. 아빠는 너 찾으려고 몇 시간이나 동네를 돌아다녔어"라고 말이다. 영진이가 집에 돌아올 때까지 엄마 아빠가 걱정했고, 아빠가 파카를 들고 몇 시간 동안이나 돌아다녔다는 것이 부모에게 미친 실제적인 결과다. 이렇게 부모가 느낀 감정과 아이의 행동이 부모에게 준 영향을 함께 설명해주면, 아이가 미안함을 느끼고 자신의 행동을 바꾸려는 동기를 갖게 될 가능성이 더 높아진다. 또 이런 과정을 통해서 자신의 행동이 다른 사람에게 미치는 영향을 생각해보는 능력이 자라고, 아이 자신의 마음에서 일어나는 감정을 들여다보는 능력도 자라나게 된다.

이렇게 훈육할 때 가장 중요한 것 중 하나는 엄마가 소리 지르거나 화내지 않고 차분함을 유지하는 것이다. 초등학교 3학년 민수는 "선생님, 제가 밥 먹을 때 휴대폰 본 것은 잘못한 게 맞는데요, 엄마가 음식물 던지면서 뭐라고 했어요. 아빠가 옆에서 음식물 던지지 않는 건 기본이라고 하니까 애 앞에서 소리 지르지 말라면서 엄마가 욕하면서 방으로 들어갔어요"라고 했다. 엄마가 이처럼 흥분해서 화내거나 욕하면서 말하면 아이의 문제 행동 자체보다 엄마가 화내고 흥분한 것에 초점이 더 맞춰지고 아이의 행동을 다룰 기회는 놓치기 때문에 차분한 목소리와 마음의 평정을 유지하는 것은 매우 중요하다.

또 아이와 약속한 것은 부모도 반드시 지켜야 한다. 영어학원 숙제를 다 하고 나면 휴대폰 게임을 20분 하도록 약속했을 경우 되도록 숙제 끝나자마자 게임을 하게 해주는 것이 좋다. "밀린 독서 노트 다 쓰고 나면 치킨 시켜주기로 했는데요, 조금 있다가 시켜준다면서 계속 미루더니 결국 안 시켜줬어요" 하고 민수는 투덜거리면서 말했다. 부모가 약속을 지키지 않으면 다음번에 부모가 무언가를 얘기할 때도 똑같을 거라고 체념하기 때문에 아이는 따르지 않는다. 반대로 부모가 반드시 약속 지키는 모습을 보여주면 아이도 '약속이란 꼭 지켜야 하는 것'이라고 생각하게 된다.

또 아이의 행동에 대해서 언급했다면, 그 행동에서의 작은 변화라도 관찰하고 칭찬과 격려를 해주는 것이 중요하다. 아이에게 너무 많은 것을 한꺼번에 바라는 것도 좋지 않다. 민수는 엄마한테 칭찬받고 싶어서 엄마가 말하는 것을 하려고 열심히 노력하는 아이다. 엄마가 원하는 것을 하고 났더니 또 다른 것을 자꾸 이야기한다며 민수는 어떻게 해야 할지 모르겠다고 했다. "엄마는 제가 잘해도 잘했다는 말을 하지 않아요. 또 다른 걸 하라고 하죠. 아빠도 옆에서 보고 있다가 '너무 잘하지 마라. 엄마 눈만 높아진다'고 하세요"라고 말했다. 작은 변화에 대한 격려와 칭찬 없이 계속 지적하거나 요구하기만 하면 아이는 지치고 의욕을 잃는다.

아이의 행동을 규범이나 규칙에 맞게 가르치려면 부모의 진실한 감정을 드러내고, 아이가 받아들일 수 있는 방법으로 전달하려는 노력이 필요하다.

엄마의
잔소리,
전략적으로 하기

진료실에서 얘기를 나누다보면, 엄마가 아이 때문에 속상하거나 힘든 것, 마음에 안 드는 점 혹은 아이가 고치길 바라는 행동이 너무 많아서 얘기가 끊이지 않을 때가 많다. "한번 말하면 왜 바로 안 하는지 모르겠어요. 너무 답답하고 화가 나요" "분명히 지난번에 하지 말라고 했는데 왜 또 그러는지 모르겠어요"라고 하는 부모도 정말 많다.

그럴 때 어머니께 아이가 바꿨으면 하는 것을 다 적어오라고 한다. 일주일 동안 본인이 아이에게 잔소리한 것, 지적하게 되는 행동, 말로 표현하진 않았지만 고쳤으면 싶은 행동을 적어보는 것이다.

엄마의 잔소리 목록을 적어보도록 하는 데는 몇 가지 이유가 있다. 첫째, 엄마가 적어온 잔소리 목록을 보고 다음번 진료 시간에 아이의 행동에 대해서 이야기를 나눌 수 있다. 둘째, 부모가 목록을 적으면서 자신의 마음과 행동을 돌아볼 기회가 된다. 승준이 엄마한테도 승준이에게 잔소리하게 되는 것, 바라는 것을 적어오라고 말씀드렸다. 한 달 후 다시 만날 때 승준이 엄마에게 잔소리 목록을 적어왔는지 물어보자, "선생님, 제가 목록을 적어오기는 했는데요, 적으면서 보니까 제가 잔소리를 되게 많이 하더라고요. 그리고 제가 심한 말을 많이 한다는 것을 알게 됐어요. 잔소리 목록을 적다보니 점점 잔소리도 덜 하고 소리도 덜 지르고 심한 말은 안 하게 되더라고요. 그래서인지 승준이도 좀 편해 보였어요"라고 했다. 승준이 엄마처럼 잔소리 목록을 작성하는 것만으로도 아이와 자신의 관계를 돌아보고 변화를 이끌어내는 분도 있다.

민주 엄마에게도 잔소리 목록을 기록해오도록 했더니 아이가 바꿨으면 하는 행동을 200개 가까이 적어왔다. '공부하다가 자꾸 딴짓을 한다' '자기 물건을 정리하지 않는다' '동생을 때린다' '동생을 배려하거나 동생한테 양보하지 않는다' '상황에 맞지 않는 행동을 한다'······. 이렇게 엄마들이 잔소리 목록을 작성해오면 엄마와 함께 살펴보면서 정리를 한다.

우선 잔소리 목록에 있는 행동을 아이가 바꿀 수 있는 것과 바꿀 수 없는 것으로 나눠본다. 눈을 깜박이는 것이나 공부하다가 자꾸 딴짓하고 주의가 쉽게 흐트러지는 것은 틱장애나 주의력결핍과잉행동장애와 같은 질병의 증상이어서 아이의 노력으로는 바꿀 수 없다. 외출했다 돌아오면 벗은 옷을 옷걸이에 걸지 않아서 화난다고 하는 엄마가 정말 많은데, 사실 이런 행동은 학년이 어느 정도 올라가야 할 수 있다. 자신의 남편이나 남동생이 벗은 옷을 언제부터 제대로 걸었는지 한번 되짚어보자. 아마 어른이 된 지금도 벗은 옷을 제대로 정리하지 못하는 분이 많을 텐데, 초등학생이라면 더 어려울 수 있다는 점을 늘 고려해야 한다.

민주 엄마가 적어온 잔소리 목록에는 '자기 할 일을 알아서 하기' '다른 사람 배려하기' '말 잘 듣기' '자기 관리 올바로 하기'와 같은 것이 있었는데, 이런 목록은 정확히 무엇을 하라는 뜻인지 알 수 없는 애매모호한 지시다. '자기 관리 올바로 하기'가 준비물을 알아서 챙기라는 것인지, 학원을 지각하지 말고 시간 맞춰 가라는 것인지, 컴퓨터 게임을 하다가 제시간에 끄라는 것인지 명확하지 않다. '다른 사람 배려하기'도 다른 사람이 말할 때 끝까지 들으라는 것인지, 함께 음식을 먹을 때 혼자서 다 먹지 말라는 것인지, 조별 과제를 할 때 얌체처럼 굴지 말고 자기 역할을 잘하라는 것인지 애매하다.

더욱이 이런 종류의 지시 속에는 자기 할 일을 알아서 하지 않고, 말을 잘 안 듣고, 남을 배려하지 않는 아이에 대한 짜증과 분노의 감정이 숨어 있다. 이런 감정은 아이에게 고스란히 전달된다. 가끔 엄마들 가운데 '자기 감정 조절하기' '정상적인 아이처럼 생활하기'와 같은 것을 잔소리 목록에 적어오는 분들이 있는데, 이것은 잔소리가 아니라 '너는 감정 조절을 못 하는, 정상이 아닌 아이야'라는 인격적인 비난으로 아이에게 큰 상처를 준다. 한번은 '자신을 사랑하고 당당하게 자존심 갖고 살기'를 적어온 분이 있었다. 사실 이건 아이가 세상을 살면서 경험하는 것들과 주변 사람들과의 관계, 특히 부모와의 관계 속에서 이루어지는 것이지 요구한다고 되는 것은 아니다. 아이들에게 무언가를 지시할 때는 어떤 행동을 의미하는 것인지가 명확해야 하며, 지시 속에 비난이나 부정적인 감정을 실어서는 안 된다.

명확해 보이는 지시 가운데에도 여러 행동을 포함하는 지시들이 있다. 예를 들어 '정리 정돈 하기'는 엄마들이 가장 자주 적어오는 목록 중 하나인데, 여기에는 벗은 옷을 제자리에 걸기, 먹은 음식 그릇을 싱크대에 가져다놓기, 책상 위의 책이나 문구를 정해진 자리에 두기, 쓰레기는 쓰레기통에 버리기와 같은 많은 행동이 포함된다. 아이의 행동을 바꾸고 싶을 때는 문제 행동을 가장 작은 단위로 나누어 하나씩 이야기하는 것이 좋다. 여러 행동이 뭉뚱그려서 포함된 지시는 아이의 마음에 부담을 주고 행동을 시작하기 어렵게 만든다.

이렇게 문제 행동-바꾸고 싶은 행동을 최소 단위로 나눈 다음에는 우선순위를 정하는 과정이 필요하다. 엄마를 화나게 하고 힘들게 만드는 행동을 들어보면 생각보다 사소한 것이 많다. 준환이와 엄마는 병원에 올 때마다 라면 먹는 문제로 싸우는데, 너무 많이 싸워서 한번은 준환이 엄마한테 '일주일만 아무 말 하지 말고 라면을 실컷 먹도록 아이를 내버려두자'고 말씀드렸다. 그러자 준환이는 하루에 라면을 두 번씩 이틀 먹고 나서는, 별로 맛없다며 먹지 않았다. 가끔은 아이들에게 아빠 구두를 닦으라고 하거나 심부름을 시키고는 하지 않는다고 화내는 부모님도 있다. 아이들에게 집안일을 분담하도록 하는 것은 책임감과 배려심을 가르치는 훌륭한 육아 방법이다. 그렇지만 우리나라 고학년 학생들처럼 공부 시간이 길고 놀이 시간은 적은 환경에서 휴식 시간을 줄이고 집안일을 하도록 하는 것은 아이에게 부담이 될 수 있다. 또한 세수나 양치질과 같은 자기 관리가 아직 잘 되지 않는 아이에게 집안일을 시키는 것도 무리다. 공부나 생활 관리 때문에 엄마와 부딪치는 일이 많다면, 굳이 심부름을 시키느라 추가로 부딪칠 일을 만들지 않기를 권해드린다.

그렇다면 우선순위가 되는 문제는 무엇일까? '동생 때리지 않기' '할머니 할아버지께 소리 지르고 대들지 않기' '화날 때 소리 지르지 말고 말로 표현하기' '귀가 시간 지키기'와 같은 행동이다. 더불어 다른 사람에게 피해를 주는 등 위험하다거나, 등하교나 게임 시간과 같은 기본적인 일상생활과 관련된 행동들이 우선순위를 차지한다.

이렇게 문제 행동-바꾸고 싶은 행동이 우선순위 목록으로 정해지면 가장 위에 있는 행동 두세 개를 목표 행동으로 정하고 먼저 얘기하는 것이 좋다. 아이들이 한 번에 바꿀 수 있는 행동은 두세 개 정도이기 때문이다. 민주 엄마한테 이렇게 전했더니, "그럼 문제 행동 목록에 있는 나머지 행동은 다 괜찮다는 건가요?"라는 반문이 돌아왔다. 한 번에 두세 가지 행동만 이야기한다고 해서 나머지 행동에 대해서 괜찮다고 허용하는 것은 아니다. 한꺼번에 너무 많은 것을 말하면 아이가 부담을 가져 아예 시작도 안 하거나 포기해버릴 수 있기 때문에 '할 수 있을 것 같다고 느껴지는 것'을 이야기해주는 게 행동을 바꾸는 데 중요하다. 한 번에 두세 가지를 계속 얘기하고 나머지 행동에 대해 적게 언급하면서 아이에게 할 수 있을 것 같다는 느낌과 동기를 불어넣어준다면, 한두 달에 두세 가지 행동을 바꿀 수 있을 것이다. 그런 것이 쌓이면 1년에 적어도 10~20개의 행동을 바꿀 수 있다. 그러나 한 번에 20개의 행동을 1년 내내 이야기해서는 아이의 행동을 바꾸기가 어렵다.

개미가 코끼리를 끌고 오아시스를 찾아가기 위해서는 전략이 요구된다. 아이의 행동에 초점을 두고 행동을 변화시키는 방법과 전략에 대해서는 『카즈딘 교육』과 같은 책을 보면 더 큰 도움을 받을 수 있다.

아이가
사과하지
않을 때

●
●
●

　민영이는 중학교 2학년 여학생이다. 민영이에게는
나이 차이가 많이 나는 어린 남동생이 있다. 평소에도 동생은 민영
이가 집에 오면 같이 놀자고 계속 조르는 편인데 하루는 새벽 2시
쯤 잠에서 깬 동생이 누나 침대 속으로 들어왔다. 민영이는 잠결에
동생인 줄 모르고 깜짝 놀라서 소리를 '꺅' 하고 지르고 동생에게
"이게 무슨 짓이야" 하며 혼을 냈다. 동생도 민영이 소리에 놀라고
누나가 혼내니까 큰 소리로 울기 시작했다. 민영이와 동생이 싸우
는 바람에 온 식구가 잠에서 깼는데, 아빠는 민영이가 동생을 잘 달
래서 같이 재우지는 못할망정 소리 지르고 싸우는 바람에 온 식구
를 깨웠다며 민영이를 야단치기 시작했다. 민영이는 아무리 동생이

라도 한밤중에 침대에 올라오면 깜짝 놀랄 수 있고, 뭐라고 말할 수도 있는 거라며 자신은 잘못한 게 없다고 했다. 아빠는 그래도 집안 식구를 모두 깨운 것은 민영이가 잘못한 것이니 사과하라고 말했고, 민영이는 끝까지 사과하지 않겠다고 버텼다. 아빠는 거실 소파에 앉고 민영이에게는 바닥에 앉으라고 한 다음 집안 식구 모두를 불러 앉혀 민영이에게 사과하라고 했다. 민영이는 이 말에 따르지 않았다. 아빠 역시 양보 없이 민영이의 사과가 있을 때까지 아무도 자리에서 일어날 수 없다고 해 아침까지 가족들은 잠도 못 잔 채 거실에 앉아 있었다. 이 사례는 조금 극단적인 것이지만, 아이가 잘못했을 때 부모는 사과하라고 하는 반면 아이는 사과하지 않으려 하면서, 서로 지지 않으려는 대치 국면은 종종 발생한다. 이렇게 부모도 아이도 물러나지 않는 싸움이 되면 사실 부모의 권위는 거의 사라지고 아이와 비슷한 수준이 된다.

그렇다면 사과하지 않는 아이들은 자신이 잘못한 것을 잘 모르는 걸까? 민영이는 일부러 소리 지른 게 아닌데도 혼난다는 점이 억울하고, 원인을 제공한 동생이 아닌 자신만 탓한다는 것이 부당하게 느껴졌다. 그런 데다 식구들을 거실에 다 앉혀놓고 그 앞에서 사과하라고 하니 수치스럽기까지 했다. 아빠가 계속 혼내는 와중에 사과를 하면 뭔가 지는 듯한 느낌이 들어서 싫기도 했다. 민영이가 큰 소리 내고 동생을 혼내서 울린 것은 잘못이지만, 새벽까지 사과를 요구하면서 식구들을 못 자게 한 것은 아빠가 지나친 것이다. "자고 있는데 동생이 침대 속으로 들어와서 많이 놀랐겠다. 그런데 늦은 밤 다 자고 있을 때 네가 동생을 야단쳐서 울리는 바람에 다른 식구들도 깼어. 다음에 이런 일이 있으면 가족들 생각해서 동생을 야단치는 것은 다음 날 하는 게 좋겠어"라며 잘못한 부분을 정확하게 짚어주고 끝내면 좋았을 뻔했다. 실제로 이튿날 저녁에 민영이가 아빠한테 조용히 가서 "어제는 제가 잘못했어요"라며 사과를 했다. 지금 바로 그 자리에서 사과해야만 본인이 잘못했음을 아는 것도 아니고, 아이가 사과하는 것보다 더 중요한 일은 자신의 잘못을 깨닫고 행동을 고치는 것이다. 마찬가지로 아이를 꺾어서 이기는 것보다 아이의 마음을 이해하고 관계를 유지하는 일이 더 중요하다.

가끔은 아이를 꺾어서 이기지 않으면 부모 자신이 자기 잘못을 인정하는 모양새가 되어 계속 아이와 이기고 지는 싸움을 하게 된다는 부모님들도 있다. 서율이 엄마 미선씨도 그랬다. 고등학교 1학년인 서율이는 우울한 데다 죽고 싶은 감정이 들어 병원을 찾아온 아이였다. 서율이는 아빠가 일찍 돌아가시고 엄마와 단둘이 살고 있었다. 서율이는 엄마가 자기 얘기를 들어주거나 자기 마음을 이해하지 못한 채 잔소리만 하는 것이 가장 힘들다고 했다. 미선씨에게 "엄마의 말에 서율이가 상처받을 때가 있는 것 같아요"라고 말씀드렸더니, 미선씨는 파르르 떨면서 "제가 혼자서 얼마나 고생하면서 키웠는데, 자기는 먹은 밥그릇도 싱크대에 가져다놓지 않으면서 상처를 받았다고요?"라며 화를 냈다.

이런 반응이 내게는 조금 당황스러웠지만 나중에 미선씨는 "선생님이 제가 나쁜 엄마라고 혼내는 것 같고, 아이도 저를 비난하는 느낌이 들어서 갑자기 방어적으로 됐던 것 같아요"라며 후회하는 말을 했다. 다음번 상담 때 미선씨는 "생각해봤더니, 서율이가 무슨 말을 하면 제가 단정적으로 '안 돼'라고 할 때가 있어요. 그러면 서율이가 상처받을 수도 있을 것 같아요"라고 했다. 이후로 미선씨를 여러 번 만나면서 이야기를 나눠보니, 서율이를 양육하는 방법에 대한 고민도 많이 하고, 아빠 없는 티를 내지 않게 서율이를 잘 키우려고 대단한 노력을 기울이는 분이었다. 다만 완벽주의자여서 모든 일에 미리 대비하는 편이었는데, 가끔 예기치 못한 상황이 생기거나 누군가 미선씨의 잘못을 지적하면 순간 당황하고 어쩔 줄 몰라서 소리 지르거나 화를 낸다고 했다.

서율이는 엄마에게 친구랑 놀다가 늦게 들어간다고 하거나, 학원을 빠진다고 하면 엄마가 엄청 높고 단호한 톤으로 "안 돼" 하거나 "알아서 해" 하면서 한숨을 푹 쉬는데 그럴 때 상처를 받는다고 했다. 마치 엄마가 자신을 한심한 아이라고 여기거나 신뢰 못 할 아이라고 생각하는 것 같았다. "엄마가 저를 좀 믿어줬으면 좋겠어요"가 서율이가 가장 많이 한 말이었다. 이렇게 상처를 받으면 서율이도 엄마한테 짜증이나 화를 내든가 엄마를 비난하게 되는데, 그러면 더 큰 싸움이 되는 것 같다고 했다. 가족 치료를 하면서 엄마가 목소리 톤이 높아지거나 한숨을 쉬는 것은 서율이가 싫거나 한심해서라기보다 엄마 자신의 당황스러운 감정을 표현하는 방식이라는 걸 서율이가 알게 되고, 미선씨는 서율이에게 상처를 주지 않도록 좀더 온화한 방식으로 감정을 표현해 둘 사이의 관계는 점차 나아졌다.

사실 미선씨와 서율이는 서로가 자신을 탓하고 비난하며 잘못했다고 생각하고 있었다. 그러는 와중에도 자신이 잘못하지 않았다는 것을 증명하기 위해서, 혹은 비난받는 것이 속상하고 싫어서 욱하거나 짜증을 내며 상대방에게 화살을 돌렸다. 실상은 둘 다 서로에 대해 그렇게 나쁜 생각과 감정을 갖고 있는 것은 아니었고, 서로의 말투나 한숨에 상처를 받았을 뿐이었다.

관계에서 문제가 생겼을 때, 꼭 둘 중 한 사람이 혹은 두 사람 다 문제가 있는 것은 아니다. 둘 다 특별한 문제가 없다고 해도 의사소통 문제 때문에 관계가 나빠졌을 수 있다. 서로 이기고 지는 싸움을 하거나 혹은 자신의 잘못이 아님을 증명하려는 상황에서는 이기려 하기보다 한 걸음 물러서서 지금의 상황을 잘 관찰하며 서로의 마음에서 일어나는 일을 잘 들여다보는 것이 가장 중요하다.

아이와
거리두기

은혁이는 예술중학교에서 그림을 전공하는 학생이
었다. 유명한 화가였던 아버지를 따라 은혁이는 다섯 살 때부터 그
림을 그리기 시작했고, 어머니도 은혁이가 어릴 때부터 미술이나 학
업 분야에서 최고의 선생님을 찾아 가르침을 받게 했다. 은혁이도
엄마가 이끄는 대로 잘 따라와 미술대회에서 곧잘 입상도 하고, 예
술중학교에도 우수한 성적으로 입학했다. 학교에서는 성적도 좋고
그림도 잘 그리는 편이었다. 그런데 3학년이 되고 예술고등학교 입
시를 준비하면서 갑자기 그림 그리는 것을 포기하겠다고 선언했다.

은혁이는 아주 어렸을 때부터 부모님을 실망시키지 않고 기대감
을 만족시키려 노력해왔다고 했다. 학교에 들어가기 전부터 진로와

관련된 계획, 판단을 모두 엄마가 세우고 자신은 시키는 대로 따라가기만 했는데, 어느 순간 정말 하고 싶은 것이 그림인지 잘 모르겠다고 했다. 특별히 하고 싶은 게 없다보니 뭘 하면서 살고 싶은지도 모르겠고, 갑자기 방향을 잃어버려 앞날이 막막하고 마음은 불안했다. 그러자 괜히 그림을 그만둔다고 했나 싶어 후회도 되고, 이제 앞으로 무엇을 할지 스스로 찾아야 한다는 생각에 부담감이 심해졌다.

부모님에 대한 바람도 커졌다. 엄마 아빠가 원하는 게 아니라 자신이 정말 좋아하는 게 무엇인지 찾아 독립하고 싶은 마음이 드는 한편, 부모님이 자신을 좀더 이해하고 사랑해주면 좋겠다는 마음도 들었다. "엄마는 늘 시키기만 하고, 아빠는 동생만 예뻐해요"라는 말도 하고, "전 커서 뭐라도 됐으면 좋겠어요. 아무것도 안 되고 잉여가 되기는 싫거든요. 그치만 그림은 그리기 싫어요. 아무리 열심히 해도 아빠처럼은 못 될 것 같아요"라고도 했다. 은혁이는 부모에 대해서도 그렇고 자기 자신에 대해서도 양가감정을 갖는 듯 보였다.

은혁이뿐만 아니라 청소년기 아이들은 대부분 부모에 대해서 양가감정을 갖게 돼 그 심리는 단순하지 않다. 청소년들 마음의 이런 갈등이 디즈니 애니메이션 「라푼젤」에 잘 묘사되어 있다. 18년 동안 탑에서만 지내던 라푼젤이 가짜 엄마가 없는 틈을 타 용기를 내어 탑에서 내려와본다. 그 순간 태어나 처음으로 흙과 풀이 있는 땅에 발을 디디고서 풀과 흙의 향기, 바람을 느끼며 자유에 들떠서

뛰고 춤추며 노래한다. 그러나 또 금방 엄마를 실망시킬까봐 걱정하고, 엄마가 화를 낼까 두려워하고, 죄책감을 느끼며 자책한다. 신났다가 주눅 들었다가, 다시 탑으로 돌아가야겠다고 마음먹었다가 절대 돌아가지 않겠다는 결심을 반복한다. 이런 라푼젤의 마음이 바로 청소년기 아이들의 것과 같다.

이런 과정을 피터 블로스는 '제2의 분리개별화second separation-in-dividuation period'라고 이름 붙였다. 유아기에 아이가 엄마로부터 분리되는 과정을 분리개별화라고 하는데, 유아기에 있었던 첫 번째 분리개별화에 이은 두 번째 분리개별화가 청소년기에 일어나며 가족으로부터의 심리적·정서적 독립이 시작된다는 것이다. 블로스는 "청소년기는 어려서 내재화된 대상, 즉 애착 대상에 대한 정서적 끈이 느슨해지면서 부모로부터의 자율성과 독립성을 추구하게 되며 동시에 인격의 성숙을 이루는 제2의 분리개별화 과정을 경험하게 된다"고 했다. 다시 말해 부모와 자기 자신에 대한 양가감정과 내면의 갈등을 겪는 과정을 통해서 아이들이 부모로부터 심리적으로 독립하여 자기 자신이 되어간다는 것이다.

이 시기 아이들은 '나는 누구인가, 어떤 사람인가' 하는 질문에 정면으로 부딪힌다. 더불어 '남과 다른 나'라는 존재에 대한 느낌을 형성하기 위해 고군분투한다. 그러면서 자기주장이 강해지고, 부모의 판단이나 기준, 규칙에 대해 의문을 갖기 시작하며, 타당한 대안도 없으면서 부모의 의견에 '반대를 위한 반대'를 하기도 한다. "엄마만 가만있으면 내가 다 알아서 할 수 있어요"라며 허세를 부리거나 "엄마 때문에 못 하게 됐다"며 부모 탓을 하거나 부모와 교사의 말을 거역하고, 학교 규칙을 지키지 않는 행동, 반항적인 행동을 하기도 한다. 이런 과정을 통해 아이들은 자신의 정체성을 형성해간다.

부모와 거리가 생기면서 아이들은 또래 관계에서 소속감을 추구한다. 이성에 대한 갈망도 생기고 이성 친구를 사귀기도 한다. 요즘 청소년들은 SNS나 게임에서 친구를 많이 만난다. 그러면서 부모가 친구에 대해 물어보면 잘 대답하지 않고, "알아서 할게요. 신경 끄세요"라는 말을 한다. 이런 아이들의 모습을 지켜보는 부모는 커다란 상처와 상실감에 시달린다. 품 안에 있던 사랑스러운 아이가 멀어지고 말도 붙이기 힘들어지는 것은 상실감을 불러일으키며, 하루에도 서너 번씩 감정이 오르락내리락하거나 부모한테 이랬다저랬다 하는 아이는 화를 자아내기도 한다. 모든 일에 대해 부모 탓을 하면서 분노와 공격성을 드러내는 아이를 보며 배신감까지 느끼는 부모도 있다.

부모도 사람이기에 "사춘기니까 참아야지" 하다가도 아이를 보고 있으면 참기 어려워진다. 그때마다 부모가 아이랑 똑같이 예민하게 반응하고 얘기하면 관계는 걷잡을 수 없이 엇나가게 된다. 아이가 성장하는 동안 잠깐 멈추면서 기다리자. 아이가 멀어지는 것이 서운하더라도 아이에게 혼자 있을 시간을 주고 적당한 거리를 유지하는 것이 필요하다.

예전에 사랑스러웠던 아이를 상실하는 것이라기보다는 관계를 조정해가는 과정이라고 생각하는 것이 좋다. 제2의 분리개별화 과정을 거치며 아이도 부모에 대해서 현실적이고 합리적인 평가를 하며, 부모에 대한 새로운 이미지를 형성해간다. 또 부모님과 분리된 자기 자신에 대한 정체성을 형성하면 부모님을 더 이상 부정할 필요도 없어진다.

진수는 청소년기에 아빠랑 사이가 너무 나빠서 아빠한테 82인치 텔레비전을 던진 적이 있었다. 진수 아빠는 너무 화가 나서 진수에게 "나가버려"라고 소리 지르며 혼을 냈다. 그 사건 이후 2년 동안 아빠와 아들은 말을 한마디도 하지 않고 서로 데면데면하게 지냈다. 그러던 어느 날, 진수가 거실에서 웹페이지 만드는 일이 잘 안돼서 끙끙거리고 있는데, 그래픽 디자이너였던 아빠가 지나가다가 문제 해결하는 법을 알려주었다. 그 순간 진수는 아빠가 '존경할 만한 점도 있는 사람'이라는 것을 처음으로 알게 됐다고 했다. 사소한 계기 같지만, 청소년들을 만나다보면 부모가 '생각보다 괜찮은 사람'이라고 느끼거나, 부모가 안쓰럽다고 느끼거나, 부모가 자신을 위해서 노력하고 있다는 것을 느끼는 순간이 별안간 찾아온다고 한다. 그 순간까지는 부모가 자신의 상실감과 상처를 견디며 기다리는 것이 요구된다.

부모의 역할은 아이의 발달 단계에 따라서 변한다. 청소년 부모의 역할은 끊임없이 보내주고 놓아주고 또 기다리는 것이다.

신체 증상으로 애정을 호소하는 아이들

●
●
●

주연이는 두통 때문에 병원에 왔다. 중학교에 입학하면서 학교 분위기가 초등학교 때와 많이 달라져 어색하고 불편하게 느껴지더니, 1학기 기말고사를 보기 일주일 전에 갑자기 두통이 생겼다. 그때부터 두통 때문에 조퇴와 결석을 반복했고 결국 기말고사도 보지 못했다. 병원에서 뇌 MRI를 찍고 검사도 받았지만 아무 이상이 없었다. 마음이 놓이지 않아 서울의 대형 병원을 찾아가 뇌 MRI를 다시 찍고 필요한 검사를 다시 받았지만 여전히 특별한 원인은 발견되지 않는다는 말을 들었다. 7월 중순부터는 두통이 심해지고 어지럼증과 메스꺼움까지 동반되면서 아무것도 하지 못한 채 짜증을 내며 울었다. 외출도 못 하고, 밥도 안 먹고, 머리가 아파

잠도 잘 자지 못했다.

주연이가 학교를 조퇴하고 결석하는 것을 보고 주변 친구들은 '꾀병이지?' 하고 대놓고 물어보거나 뒤에서 수군거렸다. 친구들의 그런 모습에 주연이는 말수가 더 줄고 위축되며 학교도 가기 싫어졌다. 일부러 아픈 것도 아닌데 그것 때문에 친구들에게 미움받는 듯해 속상했다. 그런 생각을 하면 공허하고 허무해 살기 싫다는 생각이 스멀스멀 올라왔다. 또 가위 같은 것을 보면 불안하고, 부엌칼로 팔을 한 번 긋기도 했다.

심리 검사 가운데 기분이나 감정을 물어보는 자기 보고식 질문에 주연이는 모두 '괜찮다'고 답변했다. 특별한 정서적 어려움을 호소하지 않았고 오히려 긍정적인 정서를 경험하는 것으로 반응했다. 특히 또래 관계와 관련된 문항에서는 긍정적으로 답변했고, 자신의 부정적인 면에 대해 부인하거나 방어적으로 응답하는 경향을 보였다. 다른 한편 그림을 그리게 하거나 모호한 그림을 보면서 이야기를 나누는 과정을 통해 숨겨진 마음을 들여다보는 투사적 검사에서는 소외감, 불안감을 경험하고 있었으며, 자존감이나 자신감도 저하되어 있어 의기소침해진 상태였다. 가족이나 친구들로부터 사랑받고 싶고 인정받고 싶은 욕구는 높은 편이나 최근 대인관계에서 안정적이고 편안한 관계를 맺지 못하며, 위협감 및 불안정감을 자주 겪는 것으로 여겨진다. 일상에서 경험하는 불쾌한 정서에 직면하는데 어려움이 있고, 정서적 표현에 있어서도 적절한 수준으로 드러내거나 해소하지 못한 채 억압하는 방식으로 대응하는 것처럼 보인다. 불편함이나 고통에 대해 언어적으로 표현하거나 문제를 해결하려 하기보다는 상황을 회피하거나 스스로 위축되면서, 신체적 증상과 같은 간접적이고 우회적인 방법으로 표출되는 것으로 보였다.

주연이 엄마 정애씨는 아이가 아프다고 하면 본인이 더 신경 쓰인다고 했다. "신경이 곤두서서 살 수가 없어요. 심장이 두근거리고…… 아이가 좋았다 나빴다 하니까 더 힘든 것 같아요." 정애씨에게는 주연이보다 일곱 살 어린 동생도 있는데, 천식으로 병원에 다니는 중이라 주연이까지 아픈 게 걱정되고 불안해서 자신이 엄마 역할을 잘 못 하고 있다는 좌절감마저 들었다. "어떻게든 잊고 싶은 것은 아이들이 아픈 점, 나에게 가장 문제가 되는 것은 아이들의 건강, 나를 괴롭히는 것은 애들이 아픈 것, 내가 가장 바라는 것은 딸이 빨리 나아서 학교에 재미있게 다니는 것"이며, "나의 능력은 점점 없어지는 것 같다"는 말도 했다.

주연이 아빠 경민씨는 평소에 주연이에게 큰 관심이 없었는데, 두통이 생겼다고 해도 무관심은 지속됐다. 오히려 엄마가 무리해서 이 병원 저 병원 끌고 다니며 쓸데없는 검사를 한다고 화냈다. "아빠는 술 먹고 오면 다 터트려요. 엄마한테 쓸데없는 검사 하는 데 돈 쓴다고 야단치고, 저한테도 계집애가 쓸데없이 아프다고 화를 내요. 아빠가 술 먹고 큰 소리로 얘기하면 옆집에 들릴까봐 부끄러워요. 엄마도 창피해서 아빠한테 대꾸를 안 하는 것 같아요"라고 주연이는 말했다. "차라리 엄마 아빠가 이혼했으면 좋겠어요"라는 바람도 내비쳤다. 정애씨도 주연이가 아프고 학교를 잘 가지 못하는 것 때문에 속상하고 좌절할 때가 많은데, 남편이 아픈 주연이를 못마땅하게 생각하니 남편과 고민도 못 나누고 오히려 눈치 봐야 해서 더 힘들다고 했다.

요즘 주연이처럼 두통이나 복통, 어지럼증 같은 신체 증상을 호소하는데 아무리 검사해도 원인이 되는 신체적 질환을 발견 못 하는 아이들이 많다. 이런 신체 증상은 대개 심리적인 것에 원인이 있다.

프로이트는 억압된 감정과 욕구 때문에 (신체적 질환으로 설명되지 않는) 신체 증상이 생긴다고 했다.[7] 무의식에 억압된 감정이나 생각 욕구가 말로 표현되지 못하고 쌓이다보면 신체 증상을 통해서 표출된다는 것이다. 존 볼비는, 신체적 증상은 아이들이 애착을 가지고 있는 대상에 조금 더 가까워지고 정서적인 긴밀함을 유지하고자 하는 방법이라고 했다.[8] 특히 우리나라에서는 정서적인 어려움을 이야기할 때보다 신체 증상을 이야기할 때 즉각적으로 부모의 관심을 받을 수 있기 때문에 부모의 돌봄 애정을 원하는 아이들에게서 이런 설명되지 않는 신체 증상이 종종 나타난다.

가족 간의 갈등이나 문제가 있을 때도 아이가 신체 증상을 보일 수 있다. 사이가 나쁘고 다툼이 많던 부부가 아이가 아프니까 걱정하면서 함께 병원에 데리고 오는 것과 같이, 아이의 신체 증상은 때로 부부간의 갈등이 겉으로 드러나지 않도록 균형을 맞추는 역할을 한다. 또 엄격하고 통제적이거나 학업을 지나치게 강조하는 가정이라면 신체 증상을 통해 부모-자녀 사이의 긴장감이 줄어들고 아이가 원하는 관심을 받고 있을 수도 있다. 이런 경우는 살바도르 미누친이 말한 대로[9] 지나치게 밀착되거나 과보호하고, 언어적 의사소통이 어려운 가족에서 아이의 신체 증상이 갈등을 피하며 균형을 유지하는 역할을 하고 있는 것이다.

사회학습 이론가들은 설명되지 않는 신체 증상이 가족이나 사회로부터 학습된 것이라고 설명한다. 신체 증상을 호소할 때 숙제나 집안일과 같은 것을 면제받은 경험이 있거나, 부모에게 특별한 관심을 받은 적이 있다면 이런 증상의 빈도가 증가하고 강화된다는 것이다.[10] 또한 부모가 신체 증상을 자주 호소하면 아동이 이를 학습할 수도 있고, 주연이처럼 신체 질환이 있는 형제가 부모의 관심을 받아도 신체 증상을 호소하는 것으로 마음을 표현할 수 있다. 우울증이나 불안장애가 있는 아이라면 우울한 기분이나 불안한 기분보다는 신체 증상으로 어려움을 표현하곤 한다.

이렇게 신체 증상의 심리학적 원인에 대한 설명은 다양하지만, 자신이 경험하고 있는 어려움을 말로 표현하는 능력이 부족한 아이에게서 신체 증상이 생긴다는 것은 이론과 상관없이 일관된 설명이다. 대개 이런 경우는 부모도 자신의 감정을 언어로 표현하는 능력이 부족하고, 아이 마음에서 일어나는 생각과 감정을 민감하게 읽고 말로 표현하는 것도 익숙하지 않다. 아이의 신체 증상이 좋아지게 하려면 아이와 부모 둘 다 자신과 다른 사람의 마음을 읽고 언어로 표현하는 능력이 자라도록 돕는 것이 가장 중요하다. 어려운 상황과 갈등을 말로 표현하는 능력이 자라면 설명되지 않는 신체 증상이 준다.

몇 달 동안 치료를 받더니 두통이 줄고 마음이 편해진 주연이가 병원에 카드를 가지고 왔다. "선생님 제가 요즘 아플 때마다 외우는 주문이 있어요. All is well. (올 이즈 웰이라고 읽어야 한대요!) '괜찮아, 모든 일이 다 잘될 거야'라는 뜻이래요. 처음에는 이 주문이 안 먹힐 거라는 마음으로 했더니 효과가 없더라고요. 확실히 마음가짐이 중요한 것 같아요. 희망을 걸고 다 잘될 거야라는 마음으로 진짜 너무 아플 때 약 대신 외우니 조금씩 좋아지더라고요. 선생님도 힘들 때 한번 외쳐보세요. All is well!"

제 3 부

내 등 위에
올라탄
아이들

위로받을
존재는
엄마들

·
·
·

해인이와 왕인이가
내 등 위에 올라타 앉아 있다
엄마는 낙타.
목이 말라도 몸이 아파도
뜨거운 모래 위를
무거운 짐을 지고도 걸어가야만 한다.

– 김승희, 「쌍봉낙타」

김승희 시인의 이 시를 읽을 때마다 아이를 키우는 엄마의 마음
을 어쩌면 저렇게 잘 표현할 수 있을까 싶다. 낙타는 등에 있는 큰

혹에 이 지방을 분해시켜 물과 영양분을 얻는다. 혹에 있는 지방이 분해되면서 몸속에 수분이 공급되기 때문에 며칠 동안 물과 영양분이 제공되지 않아도 끄떡없다. 낙타가 척박한 사막에서 서식하면서, 무거운 짐을 지고도 사막을 건너는 것은 이 혹 덕분이다. 쌍봉낙타는 단봉낙타보다 힘이 세서, 더 무거운 짐을 지고도 더 먼 길을 갈 수 있다. 엄마는 마치 쌍봉낙타처럼 아이들을 등에 지고 뜨거운 사막을 건너는 존재다.

아이가 생기기 전 혹은 아이가 배 속에 있을 때는 태어나면 무조건 예쁘고 사랑스럽고 좋은 날만 있을 것 같으나 실상은 고단한 삶의 연속이다. 아이를 먹이고 재우고 씻기느라 잠도 잘 자지 못하고, 기어다니고 걷기 시작하면 혹시 위험하진 않을까 걱정돼 잠시도 눈을 떼지 못하고 따라다녀야 하며, 아이가 엄마 껌딱지라면 화장실도 마음대로 못 가고 밥도 서서 후루룩 먹는 날이 숱하다. 아이가 자라기 시작하면, 책이며 교재며 학원이며 아이에게 좋다는 것을 다 찾아서 시키고, 아이에게 더 해줘야 하는데 내가 뭔가 놓치고 있는 것은 아닌지 전전긍긍하게 된다. 유치원에 들어가면서 엄마들 모임에 초대받다가 초등학교에 들어가면 본격적으로 엄마들 모임에 참여하게 된다. 애 키우느라 바빠서 친구도 못 만난 지 몇 년째인데 처음 보는 사람들과 만나서 친해져야 한다는 것은 부담스러운 일이다. 하지만 학교에서 일어나는 일이며 학원 정보를 전해 들어야 하고 요즘 세상에서 '아이들의 사회성은 엄마의 사회성에서 나온다'

고 하니 울며 겨자 먹기로 참석할 수밖에 없다. 아이가 자라면서 학원과 과외 정보를 알아보고 스케줄을 조정하며 고등학교, 대학교 입시 준비하느라 바쁜데, 그 와중에 아이는 사춘기를 겪어 점점 말도 듣지 않는 데다 반항적으로 변해간다. 똑같이 일하는 처지인데 남편은 시키는 것만 겨우 도와주고 결국 아이를 돌보는 일은 다 엄마 몫이 되며, 시댁이나 친정에서 도와주면 고맙지만 실제로는 이래라저래라 잔소리가 보태지는 게 사실이다. 그런 까닭에 아이가 태어난 이후 엄마의 삶은 고단함의 연속일 수밖에 없다.

연지 엄마는 직장인이었지만 연지가 태어나면서 그만두고 아이 셋을 키우며 양육과 가사를 전담하고 있다. 혼자서 떠맡는다는 게 너무 힘들었는데, 저녁에 남편한테 말을 걸면 대답조차 하지 않아 더 힘들었다. 식사 준비나 설거지를 할 때면 막내가 자주 운다. 이때 남편이 좀 봐줬으면, 나한테 30분만이라도 쉬는 시간을 줬으면, 시댁에서 일할 때 좀 빼주면서 나를 배려해줬으면, 내가 이야기하면 듣고 있다는 반응이라도 해줬으면 좋겠다고 했다. 일요일에 15분간 아빠가 아이들을 봐주기로 되어 있는데, 이때가 아이들 생각 안 하고 설거지나 집안일을 쉬는 연지 엄마의 유일한 휴식 시간이라고 했다. 연지 아빠는 교대근무를 하는데, 생활 리듬이 바뀌는 것도 힘들고 근무 강도도 높은 편이어서 집에 오면 쉬고 싶어한다. 하지만 아이들이 계속 칭얼거리고 아내도 계속 말을 걸며 뭘 시키는 게 힘들어 잠 좀 실컷 자는 게 바람이라고 했다.

병원에서 아이들 심리 검사를 할 때 어머니의 마음도 간단한 자기 보고식 검사로 물어보는데 연지 엄마는 이렇게 말했다.

내가 정말 행복하려면 남편이 가정적이며 다정다감하고 아이들이 건강하며 경제적 부담이 줄어들어야 한다. 하지만 남편은 무뚝뚝하며 자기중심적이다.
나에게 가장 문제 되는 것은 자신감 상실, 자존감 하락, 수입이 없다는 것이다.
내 생각에 남자들이란 가족 부양의 부담은 있지만 생활의 변화 없이 '나'로서 존재 가능하다.
내 생각에 여자들이란 결혼과 동시에 '나'로 존재하기 힘들다.

연지 어머니 외에 다른 분들도 육아에 대한 어려움을 많이 호소한다. 기억나는 몇 가지 예를 들어보면 아래와 같다.

나는 개미. 열심히 하루 종일 움직여도 달라진 게 없는 집안일.
나는 같이 일하는 사람이 없다. 주로 혼자 집안일을 한다. 아이도 보고.
너무 피곤한데 똑같은 잔소리를 무한 반복하다보면 갑자기 폭발하고 신경질이 난다.
나에게 가장 문제 되는 것은 걱정이 많고 일을 너무 많이 한다는 점이다.

나를 괴롭히는 것은 오랜 독박 육아, 반복되는 일상 속 잔소리다.

내 생각에 여자들이란 희생을 많이 하는 것 같다.

여자이기 때문에 가장 불리한 점은 육아다. 대부분의 엄마에게는 육아가 참 고단한 일인 것 같다.

한번은 판사들 모임에서 김승희 시인의 「쌍봉낙타」를 소개한 적이 있는데, 참석했던 멤버 중 한 명이 아래와 같은 후기를 모임 게시판에 올렸다고 한다.

이 정도 은유면 그리 어려운 시도 아니어서 한 번에 확 와닿죠? 저는 아이 둘을 키우고 있는 입장이라 그런지 선생님께서 저 시를 읽는 동안 쌍봉낙타에 빙의되어 중동에서 40킬로미터 행군하고 온 듯한 착각에 빠졌답니다. 그리고 시 막바지에는 쌍봉낙타처럼 엄청 힘이 세진 느낌이 들어서 어떤 역경도 견딜 수 있겠다는 생각도 들었고요. 물론 어젯밤에 같이 놀자는 아이들의 성화에 '엄마는 너무 피곤해' '등이 침대에 붙었어' 등 온갖 핑계를 댔지만……. 쌍봉낙타의 혹 안에는 수일 동안 먹지 않아도 견딜 수 있는 지방과 영양분이 저장되어 있다고 합니다. 어쩌면 우리 아이들도 그런 존재가 아닐까 생각했습니다. 엄청 무거운 짐처럼 여겨져 때로는 떼어내면 하루에 40킬로미터가 아니라 100킬로미

터도 갈 수 있겠다는 생각이 들지만, 그것들은 내 몸의 일부이니 떼어낼 수도 없고 막상 떼어내면 오히려 영양분을 공급받을 수 없으므로 아예 사막의 환경을 견딜 수도 없겠지요.

이 판사님이 말했듯이 아이들을 보는 것은 기쁘고 사랑스러우면서도, 아이를 키우는 것은 고달프고 힘들다.

드라마 「슬기로운 의사생활」에는 내가 좋아하는 장면이 많은데, 무뇌아anencephaly를 분만하고 우는 엄마에게 "산모님은 끝까지 아이를 지키신 거예요. 그것만으로 대단하신 거예요"라면서 아기를 받은 양석형 교수(김대명 분)가 위로하는 장면에 특히 마음이 움직였다. 발달장애가 있는 아이와 보호자를 많이 만나다보니, 진료가 끝나고 나가면서 "선생님, 항상 제가 잘못해서 아이에게 장애가 생긴 것처럼 죄책감 느끼면서, 저 때문에 아이가 낫지 않는 것은 아닌지 불안해하며 살았어요. '발달이 느린 아이를 이만큼 키운 것만해도 대단하신 거예요'라고 말해주는 사람은 선생님이 처음이었어요"라고 말하는 엄마가 여러 명 있었다. 아픈 아이를 키우는 엄마들은 세상에서 가장 위로를 받아야 하시는 분들이다. 아니 아이를 키운다는 것 자체가 힘들고 고단하며 위로가 듬뿍 필요한 일이다.

엄마를
미워하는
아이들

나이가 들면서 친구들 모임이나 의대 동기 모임에 나가면 아이들 얘기를 점점 더 많이 하게 된다. 그중 한 친구가 "나는 아이를 이렇게나 예뻐하는데 어떻게 아이가 나를 싫어할 수 있지?"라고 말한 적이 있다. 친구가 하도 단호해서 "애가 조금 크면 달라질 거야"라고만 답변했는데, 사실 진료실에서 내가 가장 많이 듣는 것은 엄마를 미워하는 아이의 이야기와 미움받는 엄마의 이야기다.

많은 아이는 엄마가 밉다고 말한다. 그 이유로는 엄마가 하고 싶은 것을 제한해서, 자신에게 상처가 되는 심한 말을 해서, 엄마가 나를 조종하려고 해서, 혹은 내가 원하는 방식의 사랑을 주지 않아서를 꼽는다. 생각해보면 아이가 기어가기 시작하고 세상을 탐색하며 새로운 것을 만지려 할 때부터 부모는 '안 돼'라는 말을 하고 제한할 수밖에 없다. 말하기 시작한 지 얼마 안 된 아이들도 엄마가 안 된다고 제한하거나 혼을 내면 "엄마 미워" 하면서 미움을 표현한다. 어쩌면 엄마라는 위치 자체가 미움을 받을 수밖에 없는 것인지도 모른다.

부모가 아이에게 미움받는 것을 두려워하면 제대로 훈육할 수가 없다. 위험하거나 공격적인 행동, 다른 사람에게 피해 주는 행동을 하거나 해야 할 일을 하지 않을 때, 부모는 그렇게 해서는 안 된다는 것을 가르치고 교육하며 바람직한 방향으로 이끌어주는 사람이다. 이때 부모가 미움받는 것을 두려워하면 망설이게 되고 아이가 원하는 쪽으로 자꾸 끌려간다. 요즘 아이들이 전반적으로 센 말을 하지만, 부모에 대해서도 심한 말을 많이 해서 부모님들이 상처받는 것을 자주 본다. 그럴 때 엄마들과 농담 삼아 아이들에게 들은 얘기를 한다. "요즘 아이 중에 휴대전화에 엄마를 미친년이라고 저장하지 않는 아이가 하나도 없대요. 그냥 1초 동안만 그렇게 저장해놓는지, 몇 년 동안 저장해놓는지만 다른 거래요." 어차피 부모는 어느 순간에는 아이에게 미움을 받을 수밖에 없는 존재다. 그래서 부모에게도 미움받을 용기와 마음의 준비가 필요하다.

미움이나 분노, 공격성과 같은 것은 실제로 우리 마음속에 있는 감정이다. 아이들은 부모를 사랑하기도 하지만 미워하기도 한다. 이렇게 상반된 감정이 마음속에 동시에 있는 것은 매우 정상적이다. 공격적인 행동이 문제가 되는 것이지, 마음속에 있는 감정이나 생각이 문제 되거나 다른 사람에게 피해를 주는 것은 아니다. 감정이나 생각, 특히 부정적인 감정에 대해서 자유롭게 말하는 것이 오히려 행동화하는 것을 줄여준다. 조지 베일런트는 『행복의 조건』에서 어린 시절에 부모가 아이의 슬픔이나 사랑, 분노의 감정을 잘 다독이고 자상하게 보살펴주었는지, 아니면 아이의 다양한 감정 표현을 부정적인 것으로 치부해버렸는지에 따라 어른이 되었을 때 화가 치미는 상황에서 분노가 폭발하거나 감정을 억압하는 사람이 되는지, 감정을 느긋하게 가라앉히는 사람이 되는지가 결정된다고 했다.[11]

고등학생 민준이는 반에서 3~4등 할 정도로 공부도 잘하는 편이었고 자기 할 일을 스스로 빠뜨림 없이 하는 아이였다. 변화가 나타난 건 고등학교 1학년 때 게임하는 친구와 친해지면서였다. RPG 게임을 하면서 생활이 흐트러지기 시작한 것이다. 여름방학에는 밤새 게임을 하고 오전에 잠을 잤으며, 오후에 일어나 학원에 가는 일상이 반복됐다. 개학한 후에는 학교와 학원에 가서 공부했지만 집에만 오면 게임과 인터넷을 새벽 1~2시까지 했다. 엄마가 말리지 않으면 게임을 밤새워서 하기도 했다. 엄마는 이런 민준이의 변화가 몹시 당황스럽고 화가 나 잔소리를 하고, 대나무 막대로 때리기도 했다. 민준이는 자신이 할 일은 다 하고, 잠자는 시간 줄여서 게임하는데 그걸 가지고 왜 뭐라고 하냐면서 엄마한테 화를 내기 시작했다. 화낼 때 소리 지르거나 물건을 집어던지고 엄마를 때리기도 했다.

민준이는 "누가 내 이야기를 잘 들어주고, 편들어주고 공부도 챙겨주고 원할 때 언제든지 연락을 받았으면 좋겠다. 그런 사람이 엄마였으면 더 좋겠다"고 생각했다고 한다. 엄마와의 사이가 나쁘지 않고 의지를 많이 하는 아이여서 엄마가 자기를 믿어주지 않는다고 느꼈을 때 더 크게 좌절했다고 한다. 민준이는 엄마에게 서운하고 속상해 아무것도 하기 싫고 의욕이 사라지면서 화도 났다. 가족 치료 시간에 민준이는 엄마한테 서운했던 점을 말로 표현하더니 엄마 손을 잡고 안으며 그동안 못되게 굴어서 정말 미안하다고 후회하는 기색을 내비치며 울었다. 이처럼 부정적인 감정이 마음에서 일어나는 것을 당연하게 받아들이고 표현하도록 해주면 그런 감정이나 문제 행동이 줄어든다.

정신분석학자 윌프레드 비온은 담아내는 것과 담기는 것의 개념으로 관계에서 일어나는 일들을 설명하려고 했다.[12] 이러한 담아내기는 부모와 아이 사이에서도 일어난다. 아이 마음속에 있는 감정, 생각, 요구와 같은 것들이 이해하기 어려운 모호한 느낌의 덩어리로 엄마에게 던져질 때 엄마가 부정적인 감정에 대해서 화내거나 힘들어하는 것이 아니라, 이런 느낌의 덩어리를 담아주고, 해석하고, 이름 붙여서 의미화해주면, 아이의 자아 안에서 자신과 다른 사람, 의식과 무의식, 보고 관찰한 것과 상상한 것을 구별하는 능력이 자라난다는 것이다.[13] 민준이가 엄마를 미워하고 화내고 소리 지르고 물건을 던질 때, 그런 행동 자체에 반응하는 것이 아니라 그 행동 아래에 숨겨진 서운함, 버림받은 느낌, 분노, 이해받고 싶은 마음과 같은 감정을 발견해서 이를 언어화하게 해주면, 민준이가 자기 마음속에서 일어나는 일과 현실적인 상황들을 이해하는 능력이 자라난다는 것이다. 이렇게 감정 발견과 언어화 작업을 하려면 우선 엄마 자신에 대한 비난이나 미움과 같은 부정적인 감정을 견딜 수 있어야 한다.

부모가 미움받을 준비가 되어 있다는 것은 자신이 부족한 부모라는 점, 아이가 나를 미워할 수도 있다는 것, 뜻대로 안 되는 일이 많다는 것을 견디는 준비가 되어 있다는 뜻이다. 이렇게 부모가 자신의 모자란 모습을 인정하면서 아이의 미움을 견뎌내는 것을 아이가 보면, 아이 또한 스스로의 부족한 면, 공격성과 부정적인 감정, 그리고 좌절감을 견딘다. 아이들이 사는 세상은 부모가 사는 세상보다 더 날것이고 모호하며 부정적인 감정들을 주고받는 곳이다. 미움받을 용기를 가진 부모는 아이가 경험하는 이런 어려움을 같이 견뎌줄 준비가 되어 있는 것이다.

노이즈
캔슬링
헤드폰을 끼듯

현진이는 아기 때부터 무척 예민했다. 먹는 것도 아무거나 먹지 않고, 입에 닿는 촉감이나 냄새가 조금이라도 낯설면 먹지 않았다. 잘 때는 작은 소리만 나도 깨서 오랜 시간 울고 다시 쉽게 잠들지 못했다. 조금 커서는 사소한 일에 짜증을 많이 냈는데, 특히 뭔가를 제한할 때 그 반응은 더 심해졌다. 욕하거나 물건을 던지는 등의 심한 행위를 하진 않았지만, 장난감을 팍팍 부딪치고 투덜투덜하면서 혼잣말하는 것을 몇 시간 동안이나 계속했다. 엄마가 옆방에 가 있어도 탁탁 치는 소리, 투덜거리는 소리를 몇 시간 내내 듣다보면 노이로제에 걸릴 것만 같았다. 현진이한테 가서 하지 말라고 하면 엄마가 한 말에 꼬투리를 잡으면서 더 짜증을 내고 더 오랫

동안 툴툴거렸다.

현진이는 다른 아이들보다 섬세하고 주변 환경의 변화나 다른 사람의 사소한 감정 변화도 크게 느끼는 아이였다. 긍정적인 것뿐 아니라 부정적인 자극이나 감정도 더 크게 느꼈는데, 그러다보니 현진이는 자기 마음 안에서 일어나는 불편감이나 부정적인 감정 처리에 힘들어하고 시간도 오래 걸렸다. 사실 스스로 충분히 감정을 처리하고 소화할 시간을 가지도록 내버려두면 감정이 줄어들 텐데, 가서 야단치거나 싫은 소리를 하면 짜증이나 분노, 좌절감과 같은 부정적인 감정이 더 고조되기 때문에 결론적으로 현진이가 소리 내는 시간은 더 길어진다. 현진이 엄마도 본인이 말을 하면 현진이가 더 오랫동안 그런다는 것을 아는데, 계속 옆방에서 소리를 내니까 가만히 지켜보기가 너무 힘들다고 했다. 농담처럼 현진이 어머니에게 노이즈 캔슬링 헤드폰을 사용하시라고 말씀드렸다.

문자 그대로의 의미인 노이즈 캔슬링 헤드폰이 아니라고 해도 아이를 키우는 것은 고단하고 힘든 일이라 엄마에게도 잠깐 쉴 수 있는 시간, 육아 생각을 잠깐 잊어버릴 수 있는 시간, 잠깐 숨 돌릴 수 있는 시간이 필요하다. 현진이 어머니는 어렸을 때 이후로 성당에 다닌 적이 없는데, 현진이를 키우면서 다시 성당에 나가기 시작했다. 미사 드리는 시간만큼은 마음이 좀 편하고 쉴 수 있다고 했다. 현진이 어머니처럼 성당이나 교회, 절에 다니면 종교를 통해서 위로받을 수 있고, 함께 이야기를 나눌 사람도 만날 수 있어서 좋다. 일주일에 한두 번이라도 운동을 하거나 하루 중 잠깐이라도 요가나 스트레칭, 산책을 해도 좋고, 좋아하는 음악을 듣거나 드라마를 보는 것도 좋다. 무엇이라도 좋으니 엄마가 잠깐 숨 돌릴 시간을 가져야 한다.

영훈이 부모님은 둘 다 전문직 종사자였다. 모두 일찍 출근하는 직업이라 외할머니가 함께 살면서 영훈이를 봐주셨다. 엄마 일은 늦게 끝나는 반면 아빠는 매일 저녁 7시에 퇴근해 집에 더 일찍 왔다. 아빠가 집에 오면 영훈이는 바로 아빠한테 달려가 같이 놀자고 했고, 영훈이 숙제나 일기도 아빠가 챙겨주게 됐다. 영훈이 아빠는 내성적인 성격이라 친구들과 어울려 술 마시는 것도 별로 내키지 않았고, 골프나 다른 운동도 즐기지 않으며 혼자 조용히 시간 보내는 것을 가장 좋아하는데, 저녁 육아를 도맡아 하고 주말에는 바쁜 엄마 대신 육아와 집안일을 도맡으면서 점점 지쳐갔다. 장모님이 좋은 분이긴 했지만, 아내가 없는 시간에 둘이서만 있는 것은 불편했다. 이것저것 차려주면서 자꾸만 먹으라고 하는 것 역시 부담스러웠다. 내가 영훈이 아빠를 처음 상담했을 때 이미 우울증 기준을 채울 만큼 많이 지쳐 있었다. 혼자서 보내는 시간이 좀 필요하다고 말씀드렸더니, 일주일에 두세 번은 퇴근 후 곧바로 집에 가지 않고 동네 카페에서 한 시간 정도 쉬다가 갔다. 이후로 영훈이 아빠는 사는 게 훨씬 나아졌다고 말했다.

현진이 엄마가 성당에 다니는 시간, 영훈이 아빠가 카페에서 쉬는 시간처럼 숨 돌릴 시간과 공간, 마음의 여유가 부모에게도 필요하다. 「세바시: 세상을 바꾸는 시간 15분」에서 '나이 들수록' 시리즈를 강연한 이호선 교수는 '나이가 들수록 좋아하는 것을 하라'는 말을 한다. 시간이 좀 있다면 악기나 운동이나 공부 등 뭔가를 배우면서 자신감과 만족감을 얻는 것도 좋고, 동호회를 하면서 즐거운 활동을 함께 즐길 친구를 사귀는 것도 좋다. 시간 여유가 없다면 좋아하는 음악을 듣거나 영상을 찾아 보거나 사회관계망서비스SNS에서 관심사를 나눌 만한 사람을 찾아볼 수도 있다. 무엇이든 나 자신을 위한 일, 잠깐 숨 쉬고 위로받을 수 있는 것들을 찾아보라는 것이다.

최근에 『그깟 '덕질'이 우리를 살게 할 거야』라는 책을 읽었다. 이 책의 저자인 이소담은 신화 멤버 김동완의 오랜 팬이다. S.E.S.와 H.O.T.를 좋아했다는 것을 보니 40대 초반, 아무리 어려도 30대 후반쯤 될 듯한 일본어 번역가인 그는 오랫동안 김동완을 덕질해온 이야기를 담담히 풀어낸다. 그중 "자기가 가장 좋아하는 어떤 것은 그 사람을 무너지지 않게 하거든요""내게 덕질은 곧 삶의 안정제다. 피땀 흘려 번 돈으로 오로지 나를 위한 행복을 살 수 있다면 얼마든지, 흔쾌히 사겠다. 그러려고 열심히 사는 내가 기특하다"라고 한 말이 가장 기억난다. 요즘에는 JTBC 음악 예능 프로그램인 「팬텀싱어」에 출연한 싱어들을 좋아하고, 음악을 들으며, 앨범을 사고 덕질하는 40~50대 여성이 많아졌다고 한다. 내게도 요즘 커피 한 잔을 마시면서 「팬텀싱어 3」에 나온 크로스오버 아티스트 박현수의 노래를 듣는 것이 가장 휴식과 위안이 된다. 아마 육아와 가사, 그리고 직장생활로 삶의 여유가 없는 엄마들이, 반듯하고 잘 자란 청년들이 노래하고 이야기하는 모습을 보면서 위로받거나 행복함을 느끼기 때문일 것이다. 아이의 인생은 아이 인생이고, 엄마의 인생은 엄마 인생이다. 엄마가 행복해야 아이도 잘 키울 수 있다. 엄마에게 위로와 행복을 줄 수 있는 무언가가 있다면, 힘든 삶을 잘 견딜 수 있도록 꼭 붙들고 있으라고 말하고 싶다.

희생이
아닌
선택이다

소연이는 중학교 3학년이 되자마자 공황장애가 생겨서 병원에 왔다. 소연이는 초등학교 4학년 때부터 미술 공부를 시작했는데 그건 엄마가 아이한테 미술이 잘 맞을 것 같다고 권해서였다. 엄마는 예술중학교에 진학하면 어려서부터 전문적이고 체계적인 교육을 받을 수 있고, 미술 하는 친구들과 함께 훈련하고 경쟁하며 성장할 수 있다고 해서 예술중학교 입시 준비를 시켰다. 아이는 초등학교 5학년과 6학년 내내 예중 입시 준비 학원에서 일주일에 3일씩 5시간 이상 그림을 그렸다. 그런데 막상 예술중학교 원서를 접수할 때가 되니 엄마가 일반 중학교에 갔다가 서울미술고등학교에 진학하는 게 대학 진학에 더 유리하다며 예술중학교에 원서를 쓰지 말자고 했다. 소연이는 예술중학교만 바라보고 준비해왔는데 원서도 못 써본 게 속상했고 함께 준비하던 친구들이 예술중학교를 다니면서 이야기하는 것을 들으면 부럽기도 했다. 그래도 엄마가 가장 좋은 방법을 알아봤으리라 믿으면서 학업과 미술을 모두 열심히 하며 지냈다. 하지만 엄마가 다시 미술고등학교보다 예술고등학교가 더 좋겠다고 했다가, 요즘에는 일반 고등학교에서 준비를 잘하는 게 더 유리하다는 말을 하니까 가슴이 답답해오고 모든 것이 혼란스러워졌다.

"선생님 내일이 동생 생일인데요. 엄마가 『전교 1등 어린이 시간 관리법』이라는 책을 선물로 사왔더라고요. 제가 '설마 그거 생일 선물 아니지?'라고 했더니 엄마는 '당연히 생일 선물이지' 하는 거예요. 예쁘게 포장해서 리본까지 달아 동생한테 줬어요. 선물은 원래 받는 사람이 좋아하는 것을 주는 거 아닌가요? 황당했어요." 엄마가 동생에게 '엄마가 원하는 선물'을 주는 것을 보고, 그동안 엄마는 소연이를 위해서가 아니라 엄마 자신을 위한 결정들을 내렸던 것이라는 생각이 들기 시작했다.

소연이 엄마 희정씨는 원하는 직장을 다니며 나름 인정받았다고 한다. 소연이를 낳고 나서 처음에는 육아와 직장 일을 병행해보려 했지만, 주변에서 도움받을 곳이 없어 결국 직장을 그만두고 소연이를 돌보게 되었다. 가끔 전 직장 동료들에게 연락이 오면 그때가 그리워졌고, 결혼은 했지만 아이가 없는 친구가 남편과 해외여행

다니는 것을 보면 그것 또한 부러웠다. 희정씨는 "아이도 식물처럼 제가 물 주는 대로 따라서 크면 좋겠어요. 저는 모든 것을 희생하고 아이만을 위해서 살았는데, 아이가 원하는 대로 되지 않으면 제 인생은 실패한 거죠"라고 말했다.

살다보면 우리는 여러 선택을 하게 되는데, 그중에는 100퍼센트 만족스럽지 못한 것도 많다. 그때 다른 선택을 했으면 어땠을까 싶은 순간들도 있지만, 한번 선택한 것을 돌이키기는 어렵다. 그래서 선택에는 늘 아쉬움이 남는다. 특히 결혼하고 아이를 낳거나 직장을 그만두는 것은 인생 전체에 영향을 미치는 중요한 선택이다. 살면서 내내 가보지 못한 길에 대한 후회, 아쉬움과 안타까움이 남을 수 있다. 우리는 모두 불완전한 인간이기에 매번 가장 좋은 선택을 하지 못할 수도 있고, 그 결과를 다 예측하지 못할 수도 있다. 이렇게 힘들 줄 알았으면 그러지 말걸 하고 눈물 흘리며 후회할 수도 있다. 그렇지만 그 순간에 선택을 한 사람은 나 자신이고, 이런저런 선택이 모여 나란 사람을 만들어왔다. 내 선택의 결과를 받아들이고, 그 안에서 내가 할 수 있는 일을 찾아가는 것도 어른이 되어가는 과정이다.

아이를 낳고 육아와 직장 일을 병행하기 힘들어 그만두는 과정에서 희정씨의 결정에 소연이가 관여한 것은 없다. 소연이를 낳고 소연이를 위해서 내린 결정이었다고 하더라도 냉정히 말하면 소연이가 전혀 관여하지 않은, 희정씨의 결정인 것이다. 요새 아이들 표현대로 소연이가 낳아달라고 한 것도 아니고, 소연이가 엄마에게 직장을 그만두라고 한 것도 아니다. 소연이를 잘 키우려고 직장을 그만두었다고 해서 소연이를 위한 희생이라고 할 수는 없다. 또 아이를 키우느라 직장을 그만두었으니, 아이를 내 마음대로 할 권리를 얻는 것도 아니다. 이건 그냥 직장을 그만둔 것이 아쉽고, 아이를 키우느라 내 인생이 사라진 듯한 안타까운 느낌을 아이에게 푸는 것이거나, 희생을 이유로 아이를 조종하려는 것에 지나지 않는다.

이타적 행위는 다른 사람을 위해 자기가 해주고 싶은 것을 하는 게 아니라, 다른 사람이 바라는 일을 해주는 것이다.[14] 희생이나 양보는 마찬가지로 내가 원하는 게 아니라 상대방이 원하는 것을 하는 것이다. 소연이 아빠와 엄마가 직장생활을 하고 있었는데 육아 때문에 소연이 엄마가 그만두게 되었다면 소연이 엄마가 아빠에게 양보 혹은 희생을 한 것이라고 볼 수도 있다. 그렇지만 소연이에게 너를 위해서 내가 직장을 그만두었으니 희생한 것이라 말하는 것은 지나치다. 소연이 동생이 원하지도 않는 책을 엄마가 선물하고서 고마워하기를 강요하는 것처럼 말이다.

아이에게 부모의 희생에 대해서 계속 강조하면 아이는 부모의 눈치를 보게 된다. 그러면 원하는 것이 있어도 잘 얘기하지 못하고, 마치 부모가 원하는 것이 자기가 원하는 것인 양 느끼게 된다. 이런 상황이 지속되면 자신이 뭘 원하는지, 무엇을 하고 싶은지 아예 모르는 무기력한 상태가 되고, 어느 순간 소연이처럼 무엇을 위해서 살아왔는지 모르는 막막하고 혼란스러운 상태가 되기도 한다. 이는 곧 자신이 무능하고 부족한 존재라는 생각으로 이어져 자기 자신을 사랑하기 어렵게 된다.

아이를 낳고 키우다보면 내가 하고 싶지 않은 일을 수두룩하게 할 수밖에 없다. 외식할 때도 내가 먹고 싶은 것보다는 아이들이 먹고 싶은 것을 먹고, 여행 갈 때도 나와 남편이 가고 싶은 곳보다는 아이들이 가고 싶은 곳에 가게 된다. 내 옷이나 가방은 못 사도 때 되면 아이들 옷과 가방은 사줘야 하고, 우리 집 지출 가운데 가장 큰 것은 (주택담보대출을 갚는 데 들어가는 것을 제외하면) 아이들 학원비다. 내가 쓰는 휴가 중 많은 부분이 아이들 학교 참관 수업, 운동회, 학부모회 관련 활동이고, 새롭게 만나는 사람도 대부분 아이와 관련된 이들이다. 가끔은 나 자신이 사라진 것 같고 나 혼자만의 공간에서 좀 쉬었으면 좋겠다는 생각도 든다. 그렇지만 이 모든 것을 희생이라기보다 선택이라고 생각해보자. 아이들이 우리에게 주었던 기쁜 순간들 때문에, 혹은 아이들이 좀더 좋은 사람이 되었으면 하는 바람에 우리가 선택한 것으로 받아들이자. 물론 모든 엄마가 동일하게 자율적인 선택권을 갖고 있진 않다. 상황에 의해서 선택의 여지 없이 엄마가 되었거나, 직장을 그만두거나 육아와 관련된 선택을 강요당했을 수도 있다. 이러한 때에도 어쩔 수 없는 것은 어쩔 수 없다고 받아들이자. 적어도 내 좌절감이 아이의 인생에 영향을 주도록 하지는 말자.

정신건강의학과 의사 김혜남 선생은 『어른으로 산다는 것』에서 "체념해야 할 때 체념하는 것 (…) 삶은 때때로 우리에게 이러한 능력을 요구한다. 이때 체념은 분명 포기와 다르다. (…) 체념은 자신은 버리지 않고 자신이 잃어버린 것만 깨끗하게 단념하는 것을 뜻한다"고 말했다. 부모가 되어가는 과정에서 이러한 체념이 필요한 순간들이 찾아온다.

내 아이가
가해자일 때

김숨 작가의 「법 앞에서」라는 소설은 아이가 학교폭력의 가해자로 고소를 당해 법원에 출두하러 가는 아버지의 마음에 대한 이야기다. 2014년 이상문학상 작품집을 읽다가 우연히 이 소설을 발견했을 때, 제일 먼저 '가해자의 부모의 마음에 대해서 이렇게까지 고민해본 적이 있었나' 하는 생각이 들었다. 사실 진료실에서나 학교에서는 학교폭력의 가해자보다 피해자인 아이와 그 부모를 만나게 될 때가 훨씬 더 많다. 그리고 대부분의 피해자는 그동안 당했던 따돌림이나 괴롭힘뿐 아니라 학교폭력 자체에 대해서 인정하지 않고 사과도 하지 않으면서 오히려 피해자에게 잘못이 있다는 식으로 탓하는 가해 아이와 그 부모 때문에 아직 아물지 않은 상처 위에 다시 상처를 덧입고 있었다. 가끔 가해 아이와 그 부모가 찾아와서 "우리 아이는 아무 문제 없다는 진단서를 써주세요"라거나 "우리 아이도 그 아이 때문에 상처를 입었다는 진단서를 써주세요"라고 할 때는 피해자의 아픔에 공감하지 못하고 자기 아이의 마음에서 일어나는 일도 들여다보지 못하는 가해자 부모에게 화가 나기도 한다. 학교에서는 자녀가 '사소한 괴롭힘과 놀림'을 반복하는데도 야단치거나 친구에게 사과하도록 가르치지 않는 부모를 보면서 분개하거나 '나중에 청소년기에 접어들면 더 큰 문제가 생길 텐데. 지금 아이에게 친구들과 관계 맺는 법을 가르쳐야 하는데'라며 걱정한 적도 있다. 그렇지만 '나쁜 아이'를 키운 부모라고 비난받는 부모의 마음에 대해서는 깊이 생각해볼 기회가 많지 않았다.

「법 앞에서」라는 소설은 자기 아이가 학교폭력의 가해자가 되어 건물 옥상 위에서 후배의 얼굴을 과자 봉지로 가격하고 머리에 콜라를 들이부었다는 얘기를 듣고 어느 날 피해자의 아버지를 찾아가 사과하고 합의를 시도하는 아버지에 대해 다룬다. 합의는 잘되지 않았고, 결국 다른 네 명의 아이와 함께 재판을 받게 된 법정으로 찾아가는 몇 시간 동안 아버지의 마음을 불편할 정도로 자세하게 있는 그대로 보여준다.

내비게이션이 엉뚱한 길을 알려주기도 하고 도착 예상 시간이 늘었다 줄었다 하면서 아무리 내달려도 '목적지에 도착할 수 없을 것 같은 낭패감', 아이의 재판이 열리는 법정이 몇 호인지, 재판 시간이 언제인지조차 헷갈리는 혼란스러움, 횡단보도 신호가 바뀐 다음에도 어디로 가야 할지 모르는 망연함……. 이런 느낌들이 아이의 재판이 열리는 법정으로 찾아가는 아버지의 마음속을 어지럽힌다. 그러면서 아버지는 생각한다. 후배의 얼굴을 가격하고 머리에 음료를 부은 아이가 지극히 평범하다고 여겼던 내 자식이 맞을까. 그 아이가 악했던 순간이 있었나. 또 원래 선한 아이라고 느꼈던 순간은 언제였을까. '아이에게 악을 가르친 적도 없지만 선을 가르친 적도 없다'는 사실을 환멸처럼 깨닫고 '색을 가르치는 것과 동시에 선악을 가르쳐야 했다'고 생각한다. 그러면서도 '자신의 육체의 연장이자 영혼의 연장인 아이'가 고소당한 것이 마치 '자신의 인생이 고소당한 것'처럼 느껴진다. 실제로 아들이 고소를 당한 후에 아버지 인생은 걷잡을 수 없이 무너지고 있었다. 일하던 회사는 인원 감축에 들어갔고, 퇴직금을 중간 정산해서 산 증권은 폭락하고 중풍으로 반신불수가 된 아버지를 모시는 문제로 아내와는 이혼 위기에 있고, 건설 현장을 떠돌아다니느라 집에서는 설 자리가 없던 자신에 대해서 심판하는 듯한 느낌마저 든다.

앞 장에서도 이야기했듯 예전에 어느 은사님이 '아이를 키우는 일'은 크게 세 번 내려놓는 일이라고 말하셨다. '내 아이는 공부도 잘하고 똑똑할 줄 알았는데 공부를 못한다는 것을 받아들이는 것이 첫째이고, 공부는 못해도 착할 줄 알았는데 착하지도 않다는 점을 받아들이는 것이 둘째, 착하지는 않아도 건강할 줄 알았는데 건강하지도 않다는 사실을 받아들이는 것이 셋째'라면서, 이렇게 세 번의 기대를 내려놓아야 부모가 된다고 했다. 아이에게 벌어진 일들을 받아들이기 힘들어하는 부모들에게 이 얘기를 전해주면서 마음속으로는 항상 이 세 가지가 같지 않다고 생각했다. 아이가 공부를 못하거나 아프다는 것은 속상하며 슬프고 무기력한 일이지만, 부끄럽거나 수치스럽거나 다른 사람에게 미안한 일은 아니다. 그렇지만 내 아이가 다른 사람을 괴롭히거나 때리거나 도둑질하거나 남을 속이는 사람임을 깨달았을 때는 외로움, 수치심, 죄책감, '부끄럽지 않은 인생'을 살려고 노력해온 부모의 삶 자체가 부정당하는 느낌까지 들 수 있다.

이런 마음은 1999년 열세 명의 사망자와 스물네 명의 부상자를 내고 자살한 컬럼바인 고교 총격 사건의 가해자 두 명 중 한 명인 딜런 클리볼드의 엄마 수 클리볼드가 쓴 『나는 가해자의 엄마입니다』에 생생히 담겨 있다. 평범하고 밝았던 아들이 전혀 예상치 못하게 친구들을 죽이고 자살한 사건을 전해 들은 엄마는 아들을 잃은 슬픔을 제대로 느끼기도 전에 희생자 가족의 절망과 고통, 사건을 알게 된 불특정 다수의 분노와 증오, 아이의 어려움을 미리 알아주지 못했다는 비난과 자책감에 직면한다. 그리고 이어지는 법적 공방과 공격적인 언론 보도 속에서 이제까지의 삶과는 완전히 다른 '살인자의 엄마'로서의 삶을 살게 된다.

딜런의 부모는 딜런을 사랑했고 아이와 항상 소통했다. 엄마인 수는 장애 아동을 가르치는 교사로 아이들을 양육하고 교육하는 법에 대해서 잘 안다고 생각했다. 딜런에 대해서도 세상에서 자신만큼 잘 아는 사람은 없을 것이라고 확신했다. 그러나 세상에는 사랑만으로 되지 않는 게 있었던 것이다. 우리가 사랑을 주면서 키우고, 최선을 다해 훈육해도 우리 뜻대로 되지 않는 일이 있다. 부모는 참 절대적인 존재이지만 동시에 별것 아닌 존재이기도 하다. 그런 사실을 깨달아가는 것이 부모가 되어가는 과정일지도 모른다.

1000개의
회색을
보는 아이

●
●
●

　유나는 매우 섬세한 감수성을 지닌 아이였다. 다른 사람들이 대수롭지 않게 넘기는 주변 환경의 변화, 다른 사람의 어투나 사소한 차이도 민감하게 알아차리고 그런 차이에 대해 구별해서 말하는 아이였다. 나를 만나고 10분도 안 돼서 "선생님은 본인이 이야기하다가 잠깐 생각할 때 '근데' '근데'라고 말하는 거 아세요? 그렇게 말씀하시면 마치 제가 말하는 것에 반대하는 것 같아서 제가 자꾸 설득하듯이 말해야 하잖아요. 그거 모르셨어요? 하긴 자기가 그런 습관을 가지고 있는 것을 모르는 사람도 있죠"라고 말했다. 아빠가 어떤 분인지 물어봤을 때 유나는 "그건 쉽게 이야기할 수 없는 것 같아요. 잘 모르는 사람이라면 모르겠는데 아는 사람일수록 여러 면을 알잖아요? 그런데 제가 이야기하면 어떤 식으로든 입체를 평면화하게 되어 썩 내키지 않네요. 말하자면 사람마다 다 가면이 있잖아요?"라고 대답했다.

유나는 주변 사람들이 자기를 잘 이해해주지 못한다며 속상해하고 있었다. 특히 엄마를 향해서는 반항적이고 냉소적인 태도가 두드러졌다. "저를 가장 화나게 하는 사람은 엄마예요. 우리 엄마는 답이 없어요. 질려요. 지치고, 지겹고, 싫어요. 위선적이고 비논리적이고 아무 말이나 뱉어요. 그리고 개선의 여지가 없어요." 그러면서도 "엄마는 어렸을 때부터 항상 제 마음을 몰라줬어요. 그래서 늘 외로웠어요. 누가 제 마음을 좀 알아주면 좋겠어요" 하고 말했다. 다른 아이들보다 훨씬 더 섬세한 감수성을 지닌 유나의 마음을 엄마가 알아주지 못해서 속상하고 서운하며 화난 것처럼 보였다.

유나 엄마 수영씨는 털털하고 무심한 성격이었다. 자기주장이 강하고 뜻대로 안 되는 상황에서 쉽게 폭발하며 감정이 얼굴에 다 드러나는 사람이다. 수영씨는 "신경질 날 때는 나도 모르게 그대로 얼굴에 드러나요. 힘든 일이 생기면 그냥 잊어버리고 생각하지 않아요"라고 말했다. 다른 사람의 마음을 알아차리는 것은 느린 반면 본인의 감정은 겉으로 많이 드러내는 성격이어서 유나는 자주 상처를 받았다. 엄마의 작은 표정, 어조의 변화까지 민감하게 인지해서 상처는 더 커지는 것 같았다. 그런데 엄마는 유나가 왜 마음을 다치는지 이해하지 못하고 유나는 엄마가 이해하지 못하는 것에 또 상처받아 다시 엄마한테 화를 내고 엄마는 유나가 이유 없이 화낸다고 생각해서 다시 화내는 악순환이 이어졌다.

유나는 수학여행을 가면서 엄마에게 반려동물인 거북이에게 밥을 주라고 부탁했다. 하지만 수영씨는 깜박하고 거북이 밥을 주지 않았다. 여행에서 돌아왔더니 거북이가 움직이지도 않고 늘어져 있어 화가 난 유나는 "그동안 왜 밥을 안 줬어?"라고 했다. 그러자 엄마는 거북이가 죽은 것도 아닌데 유난 떤다며 짜증을 냈다. "엄마는 제가 소중하게 생각하는 것을 소중히 여기지 않는 것 같아요. 제가 무슨 생각을 하는지, 어떤 기분인지 엄마는 몰라요. 엄마는 저한테 관심이 너무 없어요." 엄마가 유나에게 관심이 없기도 했지만, 유나가 다른 아이들보다 더 섬세한 반면 엄마는 다른 엄마들보다 좀더 무심한 사람이다보니 둘 사이에 간극이 큰 것이 문제였다. 이렇게 엄마와 아이가 감성이 달라서 서로 이해하지 못하는 경우는 많다. 이럴 때 아이들에게 사람마다 볼 수 있는 회색의 개수가 다르다고 설명해준다. 보통 사람들이 흑백을 100가지로 구분한다면 유나는 1000개의 회색을 구별하는 아이인 반면 엄마는 회색을 10가지밖에 구별하지 못한다고……. 엄마가 유나를 미워하거나 유나에게 관심이 없는 것이 아니라 유나에게 다르게 보이는 것이 엄마에게는 같은 색으로 보이는 것이라고……. 엄마는 노력해도 구별하기가 어려운 것이라고…….

유나처럼 자극에 민감하고 감정이 예민하거나 격하게 타고난 아이들이 있다. 이러한 기질은 천성적이라서 아이도 일부러 그러는 게 아니며, 아이가 그런 성향이 된 것이 부모의 잘못도 아니다. 아이들 자신도 감각 과부하와 과도한 감정을 어떻게 할 수 없어서 어려움을 겪는다. 마찬가지로 수영씨가 다른 사람들보다 덜 민감한 것도 수영씨 탓은 아니다. 그렇지만 유나 같은 아이를 키울 때는 어른인 부모의 노력이 요구된다.

에일린 케네디 무어가 쓴 『영리한 아이가 위험하다』는 유나처럼 예민하고 섬세하며 감정이 쉽게 격해지는 아이들에 대해 이야기하고 있다. 특히 3장 '민감한 성격 다스리기'는 그런 아이를 어떻게 이해하고 도와줄 수 있는지 자세히 설명하고 있다. 이런 아이들은 자기 마음에서 일어나는 일을 정확하게 이해하고 언어로 표현해서 전달하는 것이 어렵기 때문에, 자신이 느끼는 것과 비슷한 감정을 부모가 직접 느끼게 하는 방식으로 전달한다는 '짜증도 소통하려는 방식이다'를 부모님께서 고민해보시면 좋을 것 같다.

아이들에게 마음을 진정시키는 법을 가르치려면 우선 엄마 자신의 감정을 조절하는 것이 중요하다. 똑같이 예민하고 짜증을 내는 방식으로 되돌려주면 서로 감정이 격해지면서 조절하기가 더 어려워진다. 또 "마음은 읽어주지만, 행동을 제한하는 것"이 중요하다. 속상하고, 화나고, 억울하고, 실망하는 마음을 아이가 느끼는 것은 당연하다고 말해주면서도 소리 지르거나 욕하거나 물건을 던지는 식으로 감정을 폭발시키는 것은 안 된다고 명확하게 얘기해준다. 그리고 아이가 심호흡을 하고 스스로를 토닥이며, 자기 생각이나 감정에 대해서 "괜찮을 거야" "잘하고 있어"라고 말 걸어주는 방법을 가르치는 것도 도움이 된다. 감정을 조절하기 위한 거북이 방법Turtle Technique 역시 좋다.

기질은 타고나지만, 아이들이 어떤 환경에서 자라고 어떤 경험을 하는지에 따라 앞으로 어떤 성격을 지닌 사람이 될지 결정된다. 계속 예민한 아이로 자랄지, 아니면 자신의 마음을 조절할 줄 아는 사람으로 자랄지……. 그리고 이런 환경과 경험을 만드는 데는 부모의 역할이 중요하다.

거북이 방법

1단계

감정 인식하기

2단계

행동 멈추기

3단계

껍질 안에서
심호흡 세 번 하기

4단계

마음이 진정되면
나와서 해결책 찾기

아이가 저를
이해해주면
안 되나요?

진료실에서 부모에게 아이의 마음에서 일어나는 일을 설명하고, 아이의 마음을 읽어주는 것이 가장 중요하다고 말씀드리면 대부분의 부모는 알겠다고 대답한다. 그러는 한편 가끔 "아이가 저를 이해해주면 안 되나요?"라고 말하는 분이 있다.

진헌이 엄마도 그랬다. 에너지가 넘치고 개구쟁이인 진헌이가 다른 아이들한테 장난치는 것 때문에 엄마들로부터 연락받는 일이 있었는데, 진헌이 엄마는 그게 너무 싫었다. "'너희 아이는 왜 그러니?'라는 소리를 들으면 화가 나요. 제가 아이 마음을 알아줘야 한다는 건 아는데, 아이는 제 마음을 몰라주니 화가 나요"라고 말했다. 진헌이 엄마는 아이 셋을 키우는 것이 몹시 버거웠다고 했다.

"아이에 대해 준비된 게 없고, 제가 고쳐야 하는 게 너무 많아요"라며 아이들에게 미안함과 죄책감을 표현하면서도, "아이 키우는 게 이렇게 힘든 걸 왜 아무도 말 안 해줬나 싶어요"라고 호소하기도 했다. 아이들을 키우는 게 너무 지친다며 남편도 아이들도 없는 곳에 가서 아무도 신경 쓰지 않고 혼자만의 시간을 보내고 싶다는 말도 했다. 육아 자체가 부담스럽다보니 아이들의 마음을 읽어주거나 스킨십을 하는 등 정서적인 반응이 몹시 어려웠고, 엄마의 기준에 아이가 따라주지 않으면 속상해했고 화를 많이 냈다. "아이의 잘못 하나도 용서할 수 없을 만큼 제 자신이 너무 단호해요" "제가 지치고 힘든 걸 아이가 좀 이해해주면 좋겠어요"라고도 했다.

안타깝게도 아이들이 다른 사람의 마음에서 일어나는 감정이나 사회적 상황을 이해하는 능력은 청소년기를 지나서야 자란다. 아이들은 8~10세가 되면 동일한 상황에 대해서 자신과 타인의 입장이 다를 수 있다는 것을 처음 이해하기 시작한다. 즉, 자신이 좋아하는 것을 다른 사람은 싫어할 수 있으며, 자신에게 좋은 것이 다른 사람을 불편하게 하거나 힘들게 할 수도 있다는 것을 깨닫는다. 10~12세가 되면 자기 입장과 다른 사람의 입장에 대해서 동시에 종합적으로 고려하기 시작한다. 다른 사람의 마음을 읽고, 다른 사람의 마음 상태에 따라 행동을 예측하며 설명하는 능력은 더 늦게, 즉 청소년기에 이르러서야 생긴다. 청소년기가 되면 다른 사람은 내가 어떻게 생각할 것이라고 생각하는지를 이해하고, 다른 사람의 행동

아래 숨어 있는 믿음과 동기를 알아차리게 되며, 내가 하는 말이나 행동이 다른 사람에게 어떻게 느껴지고 어떤 영향을 주는지 알며, 대화에서 상대방의 반응을 살피면서 의도를 파악하게 된다.

아이들의 뇌는 청소년기에 뇌신경세포연결부위synapse(시냅스)의 가지치기pruning가 일어나고, 회백질이 얇아지는 과정을 거치면서 어른의 뇌로 성숙한다. 그중에서도 다른 사람의 마음에서 일어나는 일을 미루어 짐작하고, 다른 사람이 느낄 것으로 생각되는 감정이나 고통을 이해하는 것을 담당하는 뇌 부위의 발달은 가장 마지막에 완성된다. 위관자고랑superior temporal sulcas, 관자마루경계temporoparietal junction, TPJ, 등쪽안쪽앞이마겉엽dorsomedial prefrontal cortex, dmPFC의 회백질의 부피나 대뇌피질의 두께는 20대 초반까지 계속 줄어들고, 앞쪽 측두엽의 대뇌피질 두께는 초기 성인기까지, 회백질의 부피는 계속 증가한다.[15] 다른 사람의 마음에서 일어나는 일을 이해할 때도, 청소년과 성인은 서로 다른 뇌 부위를 사용해서 전략 또한 다르게 쓰는 것으로 생각된다. 청소년은 등쪽안쪽앞이마겉엽을 이용해서 자신과 다른 사람의 마음에 대해 더 논리적으로 생각하는 방식으로 접근하는 것에 비해 어른들은 측두엽을 이용해서 사회적 상황을 좀더 자동화된 방식으로 처리한다고 한다.[16] 다른 말로 하면 아이들은 다른 사람의 마음에서 일어나는 일을 이해하는 능력이 아직 다 자라지 않았고, 다른 사람의 감정, 생각, 의도를 이해하는 데 어른보다 더 많은 노력이 요구된다는 뜻이다. 청소년기

이전의 아이들은 더더구나 다른 사람의 마음에서 일어나는 일을 이해하기가 어렵다.

미주씨는 4개월 전에 유방암 초기 진단을 받아 수술한 뒤 3주 간격으로 항암치료를 위해 병원에 다니고 있다. 항암치료를 받으면서 2박3일 입원하는 동안 일곱 살 현석이는 아빠가 직장 어린이집에 맡겼다가 퇴근하면서 데리고 와서 돌봤다. 항암치료를 마치고 집에 온 미주씨는 집 안이 아이 장난감으로 엉망진창이 되어 있고, 며칠 동안 밥 먹은 설거짓거리가 싱크대에 그대로 있는 것을 보고는 몹시 화가 났다. 유방암 환우회 모임에서 "엄마가 암에 걸렸는데, 아이가 왜 엄마의 마음을 이해 못 해주나요?"라며 하소연했다. 항암치료를 마치고 돌아온 미주씨는 몸도 마음도 녹초가 되었을 것이다. 항암제 부작용으로 구역감도 심하고 구토도 해 집에 오자마자 침대에 쓰러져 쉬고 싶었을 텐데, 집이 마구 어질러져 있고 부엌에 할 일이 산더미처럼 쌓여 있는 것을 보고는 막막한 데다 화도 치밀었을 것이다.

그렇지만 아이는 부모의 마음을 스스로 이해하지 못한다. 아이가 못됐거나 부모를 사랑하지 않아서 그런 게 아니라, 아이에게는 아직 그럴 능력이 없기 때문이다. 엄마가 암에 걸렸고 아프다고 해서 아이에게 갑자기 부모의 마음을 이해하는 능력이 생기는 것은 아니다. 상황과 관계없이 청소년기가 되고, 다른 사람의 마음을 이해하는 능력을 담당하는 뇌 부위의 발달이 완성되어야 아이가 부모의 마음을 이해하고 배려하는 능력이 생긴다. 더구나 엄마가 아플 때 아이에게는 아이 나름의 어려움이 주어진다. 엄마가 갑자기 사라졌다가 나타나고 필요할 때 옆에 있어주지도 않는다. 예전에 엄마가 도와주던 옷 입기, 가방 챙기기와 같은 일도 갑자기 혼자서 해야 한다. 무슨 일이 생겼는지도 정확하게 몰라서 걱정되고, 엄마가 갑자기 자기를 버리고 가버리는 것은 아닌지 두렵고 불안하기도 하다.

미주씨처럼 엄마가 아이를 돌보기 어려운 사정이 생겼을 때는 아이에게 정확하게 이야기하는 것이 좋다. 엄마가 암에 걸려서 아프고 앞으로도 치료를 받아야 한다고 설명하며, 엄마가 이전처럼 돌봐주기 어렵다는 점도 얘기해주는 것이 낫다. 엄마가 병원에 가서 치료받고 오면 몸에 기운 없고 힘드니까, 앞으로 현석이가 가지고 놀았던 장난감은 꼭 정리해주면 어떻겠냐고 부탁해보는 것도 괜찮다. 엄마가 본인의 상태와 바라는 점을 정확히 이야기하면 아이도 자신이 궁금한 점이나 걱정되는 것을 편안히 물어볼 수 있게 된다. 그리고 아픈 엄마를 돕기 위해서 자기가 할 수 있는 일, 가령 장난감 정리를 하려고 노력하게 된다. 이러한 과정 자체가 아이의 심리적 적응에도 도움이 된다.

이것 한 가지는 꼭 기억하자. 아이는 부모를 이해하는 사람이 아니다. 아이를 이해하고 돌보는 것이 부모의 역할이다. 나중에 아이가 자라서 어른이 되면 부모를 이해할 수도 있겠지만, 청소년기까지의 아이들에게는 부모를 이해하는 게 어려운 일이다. 어른인 우리에

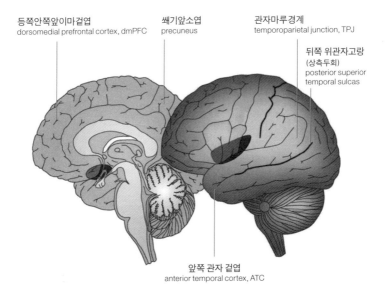

등쪽안쪽앞이마겉엽
dorsomedial prefrontal cortex, dmPFC

쐐기앞소엽
precuneus

관자마루경계
temporoparietal junction, TPJ

뒤쪽 위관자고랑
(상측두회)
posterior superior
temporal sulcas

앞쪽 관자 겉엽
anterior temporal cortex, ATC

게 이해와 도움과 위로가 필요하다면, 그렇게 해줄 다른 어른을 찾아보자. 가족이나 친구일 수도 있고, 종교단체나 동호회에서 만난 사람도 좋고, 필요하다면 전문적인 상담 기관을 찾아볼 수도 있다.

아이를
잃는다는 것

내 아들이 초등학교 4학년 때의 일이다. 거실에 나란히 누워서 잠을 자고 있는데, 아들이 갑자기 턱이 아프다고 했다. 잠결에 일어나 불을 켜고 아이를 쳐다보는데 오른쪽 턱이 붓기 시작하더니 눈앞에서 오른쪽 볼과 턱이 엄청난 속도로 부어올랐다. 의과대학에서 내과학이나 소아과학을 공부한 지 오래되어서 기억이 가물가물했지만, 이렇게 빠른 속도로 몸이 부어오르는 것은 출혈밖에 없다는 생각이 들었다. 그리고 아마 동맥 출혈일 테고, 몇 분 안에 기도가 막힐 수도 있겠다는 생각이 들었다. 왜 출혈이 생겼을까, 어디에 출혈이 생겼을까를 논리적으로 생각할 겨를도 없이 큰일났다고 소리치자 깜짝 놀라서 깨어난 남편이 잠옷 바람에 아들을 들쳐 업고 응급실로 갔다. 나도 따라 응급실에 가면서 아이가 잘 못되면 어떡하나 하는 생각에 심장이 큰 소리로 뛰고, 눈물이 쉼 없이 흘러내렸다. 다행히 응급실에 가는 동안 볼과 턱이 더 붓지는 않았고, 응급실에 계신 소아청소년과 교수님이 이하선염에 걸려도 이렇게 빠른 속도로 볼과 턱이 부어오르기도 한다고 말씀해주셔서 안심할 수 있었다. 그렇지만 응급실에 가는 차 안에서 얼마나 놀라고, 무섭고, 황망했던지……. 세상이 다 무너지는 듯한 느낌이었다. 엄마에게 아이를 잃는다는 것은 그런 것이다.

대학병원에서 아이들을 진료하면서 아이를 잃은 부모를 만날 일이 많았다. 선천성 기형을 가진 아이가 태어난 지 얼마 안 있어 잘 못된 경우, 백혈병으로 오래 투병하다가 아이가 사망한 경우, 외할아버지가 운전하는 차를 타고 가족이 다같이 여행하다가 교통사고로 아이를 잃은 경우, 시댁 모임을 정신없이 챙기는 중에 아이가 자꾸 보채서 좋아하는 땅콩을 주었는데 그 땅콩이 목에 걸려서 아이가 죽은 경우, 조현병을 앓는 첫째를 돌보는 사이에 신경 쓰지 못했던 둘째 아이가 자살한 경우, 번개탄으로 동반자살(아동 살해 후 자살이라고 불러야 맞다)을 시도하다가 부모는 살고 아이만 죽은 경우……. 어떤 경우든 아이를 잃는다는 것은 사람이 살면서 겪을 수 있는 가장 큰 트라우마 가운데 하나다. 그건 단순히 아이만 잃는 것이 아니라 그 아이가 꿈꾸던 미래, 아이가 될 수 있었던 모든 가능성, 아이가 가족이나 친구들과 함께 쌓아온 그 모든 시간이 함께 무너진다는 뜻이다. 그리고 그 모든 시간과 가능성과 미래를 부모가 지키지 못했다는 뜻으로 받아들여져 상처와 트라우마가 된다.

아이를 잃은 부모들은 복통이나 두통, 근육통, 위장장애와 같은 신체 증상을 겪기도 하고, 인지 기능의 저하를 경험하기도 한다. 우울증을 앓거나, 삶의 의미를 상실하고 자살을 시도하기도 한다. 아이를 잃은 지 18년이 지난 후에도, 아이를 잃은 부모는 여전히 우울하고, 삶의 질이 낮고, 부부관계가 깨졌을 가능성이 높고, 신체 건강도 좋지 않다는 연구 결과가 있다.[17]

많은 죽음 가운데 가장 기억에 남는 두 가지 죽음이 있다. 그중 하나는 세월호 참사로 아이를 잃은 부모님들을 만난 것이었다. 세월호 참사는 예상치 못한 사고로 인한 것이고, 어쩔 수 없는 자연재해였다기보다는 인재人災에 가까웠으며, 아이들을 구할 기회가 있었는데도 그러지 못했다. 아이들을 구하지 못하고 진상도 명확히 밝히지 못하는 국가와 사회에 대한 분노감과 적개심, 아이들이 물에 잠기고 죽어가는데 그 과정을 지켜보면서 아무것도 하지 못한 것에 대한 죄책감과 자책이 더해져서, 부모들은 우울과 분노, 실의가 뒤섞인 감정으로 힘들어했고, 그중 자살을 시도한 부모도 있었다. 자녀의 사망이 예측할 수 없는 사고에 의한 것이라면 병사처럼 예측 가능한 죽음보다 유가족의 고통이 크다고 한다.[18] 이렇게 갑작스럽고 납득되지 않는 자녀의 사망 후 수년이 지나도 남겨진 부모는 슬픈 감정과 상실감을 안고 살아가게 된다.

기억에 남는 다른 죽음은 아이를 자살로 잃은 것이다. 한번은 어느 모임에서 처음 만난 분이 옆에 앉으셔서 계속 말꼬리를 잡으며 짜증을 냈다가, "정신건강의학과 의사들은 뭐하는 사람들이야?" 하고 비꼬았다가, 술을 좀 드신 다음에는 큰 소리로 꺼이꺼이 우는 것이었다. 나중에 알고 보니 몇 년 전에 아이가 자살했다고 했다. 죽기 두 달쯤 전에 아이가 원해서 정신건강의학과 진료를 봤고, 진료하신 선생님이 자살사고가 심해서 실제로 자살을 시도할 가능성이 높다며 입원을 권유했는데, 엄마가 그렇게 심하지는 않은 것 같다며 입원을 거부하고는 병원에도 다시 가지 않았다고 했다. 아이가 힘들다는 신호를 보냈는데도 심각하게 받아들이지 않았던 것, 정신건강의학과 선생님의 입원 권유를 무시했던 것, 아이가 힘든데도 잘 몰랐던 것, 자살을 막지 못한 것이 다 본인 잘못 같아서 죄책감으로 내내 우울하고 답답하고 힘들었다고 했다. 우리나라에서는 특히 아이가 아프거나 우울한 것이 마치 부모의 잘못 탓이라고 생각하는 사람이 많고, 아이의 자살은 더 부모의 잘못인 것처럼 바라보는 사람이 많아서 남겨진 부모들의 마음은 무너진다.

진료실에서 아이뿐 아니라 그 부모나 가족들과 함께 시간을 보냈던 것처럼, 아이를 진료했던 의사는 아이를 잃은 다음에도 그 가족들과 함께하게 된다. 아이의 장례식장에서 눈물을 흘리는 부모의 손을 잡아드린 적도 있고, 아이를 잃고 쓰러져 입원한 엄마를 안아드린 적도 있으며, 아이의 유품을 들고 찾아온 부모와 아이의 마지막 모습에 대해서 이야기를 나눈 적도 있다. 때로는 아이를 지키지 못한 부모와 의사로서 마음속에 폭풍처럼 밀려드는 슬픔과 후회와 자책을 함께 견디기도 했다.

　내가 치료하던 아이를 처음 잃었을 때, 슬프고 무겁고 미안한 마음으로 금선사에 갔다. 새해맞이 템플스테이가 끝난 지 며칠 지난 평일 저녁이었다. 죽은 아이가 죽기 전에 가보고 싶다고 했던 곳이었다. 불교 신자는 아니지만, 인적이 드물고 이미 어두워진 북한산 길을 한참 걸어서 목정굴의 수월관음보살을 뵙고, 대적광전의 부처님들께 인사드리고, 금선사 경내를 걸으면서 아이를 생각했다. 긴 시간 동안 하고 싶은 것도, 원하는 것도 없고, 살아야 할 이유를 모르겠다고 하던 아이가 가고 싶어했던 단 한 곳, 그렇지만 끝내 가지 못했던 곳인 금선사를 대신 걸으면서 아이의 삶과 그토록 깊었던 절망을 생각했다. 늦은 시간에 경내를 걷는 소리가 소란스러웠던지 주지 스님께서 나오셔서 무슨 연유로 왔는지 물어보시고는 차를 내어주셨다. 인연이 닿았던 사람들의 마음이 모이면 영혼이 더 좋은 곳으로 갈 수 있을 거라며 같이 기도해주시겠다고 했다. 금선사에 아이를 위해서 등을 밝히고, 주지 스님과 기도를 드리면서 내 마음속에 아이를 묻었다. 그래도 잊을 수는 없을 것 같다. 아마 부모의 마음은 더할 것이다.

죽음을
준비하는
엄마의 자세

봄이와 여름이는 둘 다 이제 막 만 5세가 된 남자아이였다. 둘이 며칠 간격으로 나를 찾아왔는데, 봄이는 엄마가 유방암으로 최근에 사망했고, 여름이는 엄마가 유방암으로 치료 중이었다. 봄이 엄마가 본인의 투병 사실을 숨기고 있다가 뒤늦게 가족들에게 알리는 바람에, 가족들이 엄마의 암 투병을 알고 한 달 뒤 갑작스럽게 사망했다. 봄이는 원래 엄마와 사이가 굉장히 좋았는데, 사망 전 병원에 입원했을 때부터 엄마를 보지 않으려고 했다. 봄이에게 왜 그러냐고 물으니 "엄마가 이제 곧 죽는다고 해서, 이제 나를 안 사랑할 것 같아서, 이제는 아빠를 대신 사랑해야 할 것 같아서"라고 답했다. 엄마가 사망했을 때도 크게 울지 않았고, 이후에도 엄마를 찾지 않을뿐더러 엄마와 함께 논 영상을 보기 싫어했다. 그 무렵부터 봄이는 코로나 바이러스에 걸려서 죽을까봐 불안하다며, 밖에 나갔다 올 때마다 손을 오래 씻고, 외식도 안 하려고 했다. "엄마는 배신자예요. 저를 버리지 않겠다고 약속했는데, 버렸어요"라고 말하기도 했다. 봄이를 돌보며 사이좋았던 엄마를 예상치 못하게 갑자기 잃어버리면서 버림받은 느낌, 상실감, 좌절감, 분노가 큰 것 같았다.

여름이는 발달이 빠르고 똑똑한 편이지만, 예민하고 불안한 기질을 타고난 아이였다. 완벽주의적 성격이어서 게임을 하면 꼭 이기고 싶어하고, 지면 게임을 계속 다시 하려 하며, 그림을 그릴 때 똑같이 그려지지 않으면 지우고 다시 그리곤 했다. 두 돌 무렵에는 야경증으로 자다가 깨서 울었고, 세 살쯤에는 눈을 깜박이는 틱도 생겼다. 여름이 엄마는 여름이가 태어나고 얼마 되지 않아 유방암 진단을 받고 수술 후 항암치료를 해왔는데, 최근에 전이가 돼 유방암 4기로 살날이 얼마 남지 않았다는 말을 들었다. 아이와 보낼 시간이 거의 없다고 생각하니 아이에게 어떤 말을 해줘야 할지, 무엇을 해주는 것이 좋을지 막막한 기분이 들어서 병원에 오게 되었다고 했다.

봄이처럼 예상치 못하게, 아무런 설명 없이 엄마를 잃어버리면 아이들은 버림받았다는 상실감, 자신을 버린 부모에 대한 분노, 자신이 무언가를 잘못해서 버림받은 것은 아닌가 하는 죄책감을 느낀다. 그리고 아직 인격 발달이 완성되지 않은 시기의 아이들이 이런 경험을 하면, 세상과 주변 사람들에 대한 기본적인 신뢰 대신에 불안과 두려움을 갖게 된다. 세상에서 가장 든든하고 믿을 수 있는 데다 내 편인 줄 알았던 엄마가 예상치 못하게 나를 버리고 떠났던 것처럼, 다른 사람들도 언제든 나를 버리고 떠날 수 있다는 불안과 두려움 말이다.

따라서 엄마가 아프거나 특히 죽음을 앞두고 있을 때는 아이에게 이야기를 하는 것이 좋다. 감춘다 하더라도 아이들은 집안 분위기나 어른들의 표정, 어른들이 주고받는 대화를 듣고 엄마가 아프다는 것을 알아차린다. 어른들이 정확히 알려주지 않으면, 아이들은 자신에게 이야기하기 힘들 정도로 끔찍한 소식이라고 생각하거나, 실제보다 안 좋은 경우를 상상하면서 불안해한다. 부모가 죽음을 앞두고 있다면, 아이들에게도 이별을 준비할 시간이 필요하다. 또 아이들이 느끼는 불안감이나 걱정을 부모나 다른 어른들에게 표현하는 것이 아이들이 적응하는 데에도 도움이 된다. 이런 감정을 드러내지 못하고 괜찮은 척하다보면 아이들도 마음의 문제가 생기거나, 몸이 아프거나, 집에 마음을 붙이지 못할 수도 있다. 부모와의 이별에 대해서 생각할 시간을 주지 않으면, 봄이처럼 버림받았다고 여기고 심한 분노감과 배신감에 힘들어할 수도 있다. 아이들의 마음을 표현할 수 있도록 돕고 다른 가족들이 함께 지지해주면 아이들도 어려운 상황을 잘 이겨낼 수 있다.

아이에게 부모의 질병이나 죽음에 대해서 말하기 전에는 스스로를 돌보고 돌아보는 것이 제일 중요하다. 병을 진단받고 치료를 받는 동안, 또 죽음이 눈앞에 성큼 다가왔다는 생각이 들 때는 내 마음속에도 많은 일이 일어난다. 나 자신이 너무 충격을 받은 상태이거나 혼란스러울 때, 몸이 힘들거나 해야 할 일이 많을 때는 이야기하지 않는 것이 좋다. 아이가 하고 싶은 말을 충분히 할 수 있도록 들어주고, 아이의 마음을 읽어줄 여유가 없기 때문이다. 스스로 이야기할 수 있겠다는 기분이 드는 때에 하는 것이 중요하다. 만약 본인이 이야기하기 어렵다면 부모 중 다른 사람이나 조부모에게 대신 이야기해달라고 부탁해도 좋다. 아이가 받아들이기 어렵거나 부모가 설명하기 어려운 상황에서는 의료진이나 아동정신건강 전문가들이 이야기하는 것을 도울 수도 있다.

가끔 언제가 아이에게 이야기하기에 가장 좋은 때인지 물어보시는 분들이 있다. 여기에 정답은 없다. 그러나 아이들이 뭔가 눈치챈 것 같다고 느껴질 때, 아이들이 무슨 일이 있냐고 물어볼 때, 어른들이 우는 모습을 보고 아이들이 두려워할 때, 진단이나 치료를 받으면서 나타나는 증상으로 부모의 신체적·정신적 변화에 혼란스러워할 때, 아이가 수면, 식사, 기분, 행동에 변화를 보일 때에는 이야기를 해주는 것이 좋다. 아이가 무엇인가를 눈치챘다는 신호이니, 더 나쁜 상상을 하기 전에 부모가 알려주는 것이 바람직하기 때문이다.

아이에게 부모의 질병이나 죽음에 대해 이야기할 때는, 아이가 가장 편하게 이야기를 들을 수 있는 시간과 장소를 찾아보는 것이 좋다. 놀이터에서 그네를 같이 타면서 이야기해도 좋고, 잠자기 전 이불 속에 같이 누워서 이야기해도 좋다. 청소년이라면 저녁 식사 후 식탁에 앉아 얘기할 수도 있다. 가능한 한 아이들의 나이에 맞게 이해되는 단어들을 쓰도록 하자. 청소년이라면 인터넷에서 이미 여러 정보를 찾아봤을 가능성이 높기 때문에 아이들이 궁금해하는 것을 들어보고 답변해주는 것이 필요하다. 문제가 얼마나 심각한지, 어떤 치료가 필요한지, 앞으로 얼마나 살 수 있는지 모른다면 아이에게 사실대로 말하는 것이 좋다. 그리고 의사 선생님에게 물어보고 다시 이야기해주겠다고 말하는 것이 더 좋다. 그러면 아이들은 엄마가 모르는 것은 모른다고 하는구나, 엄마에게 안 좋은 일이 생긴 것은 속상하지만 이 일이 어떻게 진행될지 엄마가 나에게 정확히 알려주는구나, 내가 모르는 사이에 어떤 일이 일어나지는 않겠구나 하고 생각하게 된다. 아이들은 치료가 생활에 어떤 영향을 줄지, 방과 후에 누가 자신을 돌봐주는지, 식사를 챙겨주고 숙제를 봐주는 사람은 누구인지와 같은 것을 궁금해할 수도 있기 때문에, 이런 부분도 미리 설명해준다. 그리고 아이의 이야기를 귀 기울여 듣고 마음을 읽어준다. 사랑하고 있다는 것을 보여주긴 하되 지킬 수 없는 약속은 하지 않는 게 좋다.

여름이 엄마는 "여름이가 아직 많이 어리고, 저 없이 살아야 할 시간이 너무 길어요. 제가 죽기 전에 마지막으로 여름이를 위해서 꼭 해줘야 하는 일이 있다면 그게 뭘까요?"하고 물어보셨다. 그래서 내가 제일 좋아하는 동화책 중 하나인『보이지 않는 끈The Invisible String』을 읽어보시라고 말씀드렸다. 이 책은 최근에 국내에 번역되었는데, 방에서 잠을 자다가 번개와 천둥이 치는 바람에 놀라서 깨어나 엄마에게 달려온 쌍둥이 남매에게 엄마가 해주는 이야기다. 무서워서 엄마 옆에서 잠들고 싶다는 남매에게 엄마는 "사랑하는 사람들끼리는 보이지 않는 실로 서로 연결되어 있다"고 말해준다. 그리고 어떤 상황에서도 이 실은 끊어지지 않고 남아서 사랑하는 두 존재를 연결해준다. 아무리 멀리 있거나, 엄마에게 야단맞거나, 설령 엄마가 하늘나라에 간 뒤에라도 말이다. 이렇게 사랑하는 존재가 보이지 않아도 그 존재의 표상object representation이 내 마음속에 남아서 나를 믿어주고, 사랑해주고, 불안을 다독여주는 역할을 하는 것을 정신분석학적 용어로 대상항상성object constancy이라고 한다. 엄마가 하늘나라에 간 뒤에도 여름이를 생각하고 사랑했던 엄마의 이미지가 여름이의 마음에 남아서 평생 동안 여름이를 돌봐줄 수 있다는 것이다.

"많이 사랑한다는 것을 전해주세요. 엄마가 마지막 순간까지 여름이를 얼마나 아끼고 사랑했는지 아이가 느낄 수 있게요. 그런 엄마에 대한 기억이 여름이의 마음속에 남아서 오래오래 여름이를 돌볼 거예요. 그리고 아빠나 다른 가족들이, 또 제가 여름이에게 계속 말해줄 거예요. 엄마가 마지막까지 얼마나 여름이를 생각하고 또 사랑했는지……."

엄마는
언제나
네 편

●
●
●

"어차피 엄마는 제 이야기를 안 들어요."

"우리 엄마는 절대 바뀌지 않아요."

"엄마는 제 마음을 이해하려고 노력도 안 해요."

"잘하고 있다고, 지금 힘든 게 당연한 거고 괜찮다고 엄마가 말해 주면 좋겠어요."

진료실에서 청소년들이 가장 흔히 하는 말이다. 아이들의 이야기를 듣다보면 아이가 부모에게 가장 듣고 싶어하는 말은 바로 공지영 작가가 쓴 책의 제목 『네가 어떤 삶을 살든 나는 너를 응원할 것이다』가 생각난다.

내가 소아청소년정신건강의학과 전문의가 되고 얼마 지나지 않

아 만난 아이 가운데 은표가 있었다. 초등학교 6학년인데도 키가
꽤 크고 덩치도 제법 있는 아이였다. 엄마 아빠가 별거하고 이혼 소
송을 진행 중이지만 밝고 오히려 더 자기 숙제, 공부 같은 것을 잘
챙기며 성적도 많이 올라 무척 씩씩한 아이라고 생각했다. 하루는
엄마가 바빠서 혼자 병원에 왔는데, "은표가 엄마 아빠 때문에 힘
들 텐데 잘하고 있네. 많이 힘들지? 힘들면 힘들다고 해도 돼"라고
했더니 엉엉 울기 시작했다. 항상 씩씩하던 아이가 우니까 마음이
좋지 않아서, 오랜만에 아이와 이런저런 이야기를 나누었다.

"괜찮아, 울고 싶으면 실컷 울어도 돼. 운다고 해서 네가 약하거
나 못난 사람이 되는 건 아니야."

"너한테 일어난 일들이 정말 힘들겠지만, 다른 어떤 사람한테도
일어날 수 있는 거야. 그런 일이 있다고 해서 너한테 특별히 문제가
있다거나 다른 사람들이 너를 이상하게 생각하는 것은 아니야."

"엄마가 너를 얼마나 위하는지 알지? 그렇게 위하는 너를 두고 엄
마가 별거하고 또 이혼 소송을 할 때는 그럴 수밖에 없는 이유가 있
는 거야."

"그렇지만 꼭 네가 엄마를 이해해야 한다는 것은 아니야. 엄마가
많이 미우면 미워해도 되고 화나면 화를 내도 돼. 그런다고 네가 나
쁜 사람이 되는 것도 아니고 엄마를 다치게 하지도 않아."

"지금은 너무 힘들지. 그래도 시간은 지나갈 거야. 시간이 흐르면
어떻게든 정리가 될 거고 그게 어떤 모습이든 편해지는 때가 올 거

야."

아이는 부모에게 아마 이런 말들을 듣고 싶었을 것이다.

인주는 우울감과 자해로 2개월 동안 정신건강의학과 안정병동에 입원했던 아이다. 퇴원하고 나서도 1년 넘게 외래에서 약도 먹고 상담도 했다. 많이 좋아져서 병원에 그만 오기로 결정한 후, 마지막 날 인주가 편지를 써서 가지고 왔다.

"선생님 지난 1년 동안 제가 더 나은 '나'를 알아가고, 만들게 해주신 것 감사해요. 약 2개월의 입원 기간에 저를 더욱 이해해주시고 위로해주려고 하신 게 인상에 남았어요. 세상엔 뭔가 좀 부족하지만 다른 점에서는 훌륭한 그런 사람이 많다고, 또 '넌 지금 이대로도 완벽하니 조금 쉬어가도 돼'라고 해주신 말이 제가 힘들 때마다 저를 조금씩 일으켜 세우는 힘이 되었어요. 앞으로 힘들 때도 무너지지 않는 좀더 강한 사람이 될게요."

아이들은 힘들 때, 뭔가 잘 안 되었을 때, 실패했을 때, 좌절했을 때, 슬플 때, 외로울 때 부모가 어떤 반응을 보일지 가장 신경 쓴다. 좌절했다고, 실패했다고 비난하거나 야단치지 않을지, 네 잘못이라고 혼내지나 않을지, 실망하진 않을지, 혹은 본인보다 엄마가 더 좌절하지는 않을지 눈치를 본다. 그럴 때 부모는 괜찮다고, 살다보면 누구나 그럴 때가 있다고, 넘어져도 다시 일어나면 된다고, 누구나 작고 초라한 시절이 있는 거라고 얘기해주고 담담하게 웃어주면 아이들은 실패와 좌절을 견딜 힘을 얻는다. 이런 경험을 한 아이들은 다른 고난을 만났을 때도 스스로 달래고 격려하면서 어려움을 이겨 낼 수 있다. '어떤 삶을 살든 아이를 응원'하는 부모의 이미지를 내면 화하기 때문이다. 부모가 아이에게 줄 수 있는 가장 큰 선물은 이처 럼 어떤 경우에도 믿어주고 응원해주는 부모의 따뜻한 느낌이다.

아래는 『네가 어떤 삶을 살든 나는 너를 응원할 것이다』에 나오는 따뜻한 문구들이다. 이런 문구들에 담긴 마음을 아이들에게 나누어 주자.

사실을 말하면 엄마는 네가 이 시기를 좀 잘못 넘어도 괜찮다고 생각하고 있어. (…) 이 한 해로 너의 모든 것을 판단하고 싶지 않 아. (…) 사랑한다. 사랑한다는 것은 그 사람을 있는 그대로 받아 들인다는 것을 이제야 알게 된 엄마의 미안한 사랑을 보낸다.

언젠가 어두운 모퉁이를 돌며, 앞날이 캄캄하다고 느낄 때, 세상 의 모든 문이 네 앞에서만 셔터를 내리고 있다고 느껴질 때, 모두 지정된 좌석표를 들고 있는데 너 혼자 임시 대기자 줄에 서 있다 고 느껴질 때 (…) 너의 어린 시절 운동회 날을 생각해. 그때 너를 목이 터져라 부르고 있던 엄마의 목소리를. (…) 네가 달리고 있을 때도, 설사 네가 멈추어 울고 있을 때도 나는 너를 응원할 거야.

사랑한다. 나는 네가 어떤 인생을 살든 너를 응원할 것이다.

누군가 전적으로 믿어주고 지지해주면 삶은 살 만해진다. 아무리 어려운 일이 닥쳐도 나를 사랑하고 지켜보고 응원해주는 대상이 있다면, 조금 더 용기를 낼 수 있을 것이다.

제 4 부

엄마도
불완전한
사람

외로우니까
부모다

나는 원래 엄청 잘 우는 사람이다. 영화나 드라마를 보다가 잘 우는 것은 물론이고, 라디오 사연이나 노래를 들으면서도, 페이스북, 블로그, 인터넷 카페의 글을 읽으면서도 눈물을 잘 흘린다. 그렇지만 정신건강의학과 의사가 된 후 진료실의 환자 앞에서는 울지 않는 법을 배웠다. 내 감정보다는 앞에 있는 아이와 부모님의 감정에 집중하는 것이 중요하고, 또 아이나 부모님이 어려움을 겪고 있을 때 내가 감정적으로 치우치면 문제 해결 방법을 찾기가 더 어렵기 때문이다. 그렇지만 나도 사람이어서, 그리고 원래 되게 잘 우는 사람이어서, 가끔 진료실에서 아이나 부모님들과 얘기하다가 눈물을 흘리곤 한다.

지우와 지우 아빠를 만났을 때도 그랬다. 지우 엄마는 원래 몸이 약했는데, 임신 중 임신중독증이 심해 계속 누워만 있다가 임신 26주에 지우를 낳고 얼마 되지 않아 돌아가셨다. 750그램의 미숙아로 태어나 중환자실에 두 달간 있을 때부터 아빠와 고모, 친할머니가 지우를 돌봤다. 처음 2년 동안은 고모가 지우를 데려가서 사촌 언니들과 함께 키웠다. 만 2세가 넘으면서는 다시 아빠와 친할머니가 같이 살고 있는 집으로 데려와서 키웠다. 미숙아로 태어난 탓인지 발달이 약간 느린 듯하고 자기표현을 잘 못 하는 아이였는데 만 5세가 되면서 "나는 왜 엄마가 없어요?" "나 때문에 엄마가 하늘나라 간 거예요?"라고 물어보기 시작했다. 그리고 강아지 인형을 계속 안고 다니면서 손에서 놓지 않으려 하고 "쿠키(강아지 인형 이름)도 없어지면 어떻게 해요?"라고 묻기도 했다.

지우 아빠는 지우 엄마가 사망한 후 자신이 지우를 잘 돌보지 못해 발달이 느린 것이 아니냐고 하면서 눈물을 흘리기 시작했다. 또 혼자서 아이 키우면서 누나(지우 고모)에게 민폐 끼친 게 미안하고, 연세가 많고 허리도 아픈 부모님께 짐이 되고 있다는 생각에 너무 죄송하다고 했다. 가족들에 대한 감정도 있지만 지우 아빠도 힘들고 고단할 텐데 누구에게 얘기도 못 하고 외로우시겠다고 했더니 소리 죽여서 눈물만 뚝뚝 떨어뜨리시는데, 그 모습이 너무 안됐어서 나도 모르게 눈물이 났다.

지우 아빠가 아니더라도 부모가 된다는 것은 참 고단하고 외로운 일이다. 누가 부모의 일을 대신 해주기도 어렵고, 부모의 외로움을 다른 사람과 나누기 어려운 경우도 많다. 육아가 고된 것, 아이의 발달이 느린 것, 휴학한 것, 왕따를 당한 것, 자해를 하는 것을 누군가에게 털어놓기란 참 어렵다. 가족들에게 말하자니 걱정하거나 엄마를 비난할 것 같고, 친구들에게 말하자니 부족하고 안 좋은 모습을 보이는 것 같아 자존심이 상하며 과연 이런 상황을 이해해 줄까 싶다.

다연이 엄마 예진씨도 그랬다. 아이 셋을 키우는데 남편은 매일 늦게 들어오고 주말에는 골프 치러 다니느라 거의 없는 사람이나 마찬가지였다. 아침부터 밤까지 예진씨 혼자서 아이들을 돌보는 일은 무척 힘들었다. 다연이가 발달이 느린 듯한데 예진씨는 자신이 잘 돌보지 못한 탓 같아 걱정스러웠다. 그런 와중에 힘이 너무 없고, 자기감정조차 잘 모르겠는 데다, 가끔 아이 셋이 동시에 우는데도 아무 느낌이 없거나 멍해지기도 했다. 이런 심정을 하소연할 곳은 아무 데도 없었다. 2남 1녀 중 장녀인 예진씨는 어려서부터 "엄마 아빠가 없으면 네가 동생한테 부모가 되어야 한다"는 말을 듣고 자라서 부담감이 컸다. 게다가 친정의 반대에도 불구하고 결혼한 것이라 친정 부모님께 사는 게 힘들다는 말은 못 하겠고, 동생에게도 힘들다는 말을 하긴 어려웠다. 시어머니는 양육을 도와주지도 않으면서 여기저기 집안 사정을 말하고 다녀 심적으로 지치게 했다. 예진씨는 밤에 혼자서 눈물 흘리곤 했다. 다연이가 엄마의 표정과 행동을 보며 "대체 엄마는 언제 건강해? 엄마는 언제 컨디션이 좋아?" 하고 말하면 미안하고 죄책감이 들었다. "아이들은 유치원 잘 다니고 괜찮은데, 제가 무인도에 가 살고 싶어요. 자다가 눈을 안 떴으면 싶은 생각도 들어요. 제가 힘든 걸 말할 데가 없어요."

아이를 잘 돌보려면 엄마 자신을 잘 돌보는 것이 중요하다. 비행기의 기내안전영상In-flight safety video을 보면 산소마스크를 사용해야 하는 상황에서 "보호자가 먼저 착용하신 후 유아에게 착용시켜주시기 바랍니다"라고 나온다. 보호자가 우선 산소마스크를 써야 위험한 상황에서 안전하게 아이를 보호할 수 있다. 아이를 위한다는 마음으로 아이에게 산소마스크를 먼저 씌워주다가 보호자가 의식을 잃으면 아이에게 산소마스크를 제대로 씌워줄 수도 없고, 다른 돌발 상황이 발생했을 때 적절하게 대처할 수 없어서 보호자와 아이 둘 다 위험에 처할 가능성이 높기 때문이다. 일상생활도 마찬가지다. 보호자가 자신을 먼저 돌보고 자기 마음의 평안을 유지해야 아이도 잘 돌볼 수 있다.

엄마 자신이 어려울 때 도와줄 사람을 찾아보고 힘들 때 힘들다는 말을 들어줄 사람을 찾아보는 것도 좋다. 예진씨는 주변에 정말 도와줄 사람도, 얘기를 나눌 사람도 없는 상황이어서 한 달에 한 번씩 병원에 와서 부모 교육을 담당하는 선생님과 이야기를 나누도록 했다. 엄마가 우울하다면 우울증에 대한 치료를 받는 것도 도움이 된다.

그렇지만 그런 방식으로 외로움이 달래지지 않는 경우도 있다. 어쩌면 산다는 것, 부모가 된다는 것 자체가 외로운 일인지도 모른다. 정호승 시인은 "외로우니까 사람이다. 살아간다는 것은 외로움을 견디는 일이다"라고 했다. '외로움'이라고 하면 흔히 '오직 나 혼자'일 때 느끼는 감정이라고 생각하기 쉽다. 하지만 오시마 노부요리는 실제로 외로움이란 곁에 누군가가 있어도 아무도 나를 도와주지 않는다든지, 나를 이해해주지 않을 거라고 생각할 때 느껴지는 감정이라고 했다.[19] 누군가에게 이해받고 싶고 도움을 받고 싶은 기대 때문에 외로움도 생긴다는 것이다. 그러니 외로움에서 벗어나려 할 때 나를 돕고 이해해줄 사람이 있다면 좋은 일이지만 그렇지 않을 수도 있다는 것, 본질적으로 인간은 고독한 존재임을 인정하고 받아들이는 것, 나뿐만 아니라 다른 사람들도 각자 자기만의 이유로 고독하고 외로울 수 있다는 점을 이해하고 받아들이는 것이 요구된다.

사랑에서
삶의
고단함으로

●

●

●

　　사랑이란 무엇인가,

투명하게 떠도는 안 보이는 넋들을 서로 발견해주는 것

사랑하는 사람이란

투명한 단체사진 속에서 한 사람을 발견하여

허공의 못 위에

존재를 걸어주는 사람.

그리하여 내가 존재함을 비로소 나에게 알려주는 사람

－「고도의 노래」 중에서, 김승희

내 어릴 적 꿈은 작가였다. 나는 문학을 사랑하는 감수성이 풍부

한 소녀였고 각종 소설과 시집을 손에 닿는 대로 읽었다. 김승희 시인은 중학교 때부터 가장 좋아하는 작가였다. 특히 「고도의 노래」를 좋아했다. 그중에서도 앞의 구절은 사랑과 관계의 본질에 대해서 진지하고 냉철하면서도 따뜻한 통찰을 준다. 우리가 관계 속에서 기대하는 것, 간절히 원하는 것은 누군가 나를 알아봐주는 것이라는 사실, 그리고 누군가 나를 알아봐줄 때, 내가 어떤 사람인지 어떤 꿈과 소망과 생각과 감정을 가진 존재인지 알아봐줄 때 비로소 나라는 존재가 의미를 갖는다는 것…….

또 김승희 시인이 쓴 『33세의 팡세』라는 산문집에는 "너는 사랑을 안 해봐서 그런 말을 하는 거야. 사랑을 한다, 사랑을 느낀다는 등 많은 표현이 있지만, 사랑에 대해 가장 정확한 말은 사랑에 빠진다는 표현이라고 생각해. 물에 빠지는 사람이 이것저것 생각하겠니. 사랑이란 그것처럼 빠지는 거란다"라는 문장이 있다. 뭐든 열심히 하고 공부나 일에도, 인간관계에도 열심이었던 젊은 시절의 나는 이런 문장을 무척 좋아했다.

나이를 먹고 병원에서 일하고 아이 둘을 낳고 키우느라 정신없이 지내면서 시나 소설을 읽는 시간은 점점 줄었다. 아마 대부분의 엄마가 그럴 것이다. 젊은 시절의 내가 좋아했던 것, 꿈꾸던 것, 즐기던 것을 생각해볼 겨를 없이 여러 해를 살았다. 그러다가 오랜만에 읽은 김승희 시인의 시가 「쌍봉낙타」였다. 이 시를 읽으면서 내가 좋아하던 시인의 날카로움이 무뎌지고, 그 삶의 고단함이 시에서 느껴지는 것이 안타깝기도 한 반면 위로가 되기도 했다. 엄마의 삶이 고단한 것은 나뿐만 아니라 내가 좋아하는 시인도 마찬가지구나, 아마도 누구에게나 엄마의 삶이란 고단한 것이겠구나 하고 생각했던 것 같다. 진료실에서 나처럼 엄마임을 고단해하는 이들을 만나는 게 주된 일인 나는 가끔 엄마들에게 김승희 시인이 2007년에 쓴 「그래도라는 섬이 있다」를 말씀드리기도 한다.

가장 낮은 곳에
젖은 낙엽보다 더 낮은 곳에
그래도라는 섬이 있다
(…)
그래도라는 섬에서
그래도 부둥켜안고
그래도 손만 놓지 않는다면
언젠가 강을 다 건너 빛의 뗏목에 올라서리라. (…)

배우자의
상처를
견디는 것

아이 문제로 함께 방문한 엄마 아빠들은 진료실에서 종종 싸운다. 아이 문제에 대해 의견이 달라서 싸우기도 하고, 아이에게 생긴 문제가 당신 탓이라면서 서로 비난하기도 한다. 싸우다보면 원래 두 사람 사이에 있었던 근본적인 문제부터, 양쪽 집안과의 관계에서 비롯된 문제들까지 다 끄집어내 소리를 지르기도 한다. "아이한테 소리 지르지 말라고 아내에게 말해주세요." "남편한테 제가 잘못 키워서 이렇게 된 거 아니라고 말해주세요." "시어머니가 아들한테 무뇌아라고 돈 쓰지 말라고 했는데, 남편이 아무 말도 안 했어요." "장모님 눈치 보느라 집에서 편히 쉴 수가 없어요." 진료실에서 매일 듣는 이야기다.

『채식주의자』로 맨부커상을 수상한 소설가 한강은 여자들의 삶에 대해 날카롭고 냉철한, 그러면서도 따뜻한 시선이 담긴 소설을 쓴다. 한강의 작품 가운데 내가 제일 좋아하는 것은 「아기부처」다. 여기엔 결혼이란 무엇인가에 대한 깊은 성찰이 담겨 있다.

「아기부처」의 주인공 선희는 프리랜서 동화 일러스트 작가이며 그녀의 남편인 상협은 완벽한 외모와 실력으로 주목받는 뉴스 앵커다. 사람들은 늘 상협처럼 멋지고 완벽한 남자가 어떻게 선희처럼 평범한 여자와 결혼했는지 궁금해했다. 그는 화상 입은 상처를 온몸에 가지고 있다. 결혼 전에 상협이 자신의 상처를 보여주었을 때 선희는 그의 흉터와 용기를 모두 받아들였다. 남편의 흉터와 상처에도 정을 붙이며 살아갈 수 있을 것이라고 믿었다.

겉으로 완벽해 보이는 상협 같은 사람도 자신의 흉터와 약한 마음을 감추기 위해 완벽해지지 않으면 견디지 못하는 강박을 지녔다. 선희는 점점 남편의 상처와 그 상처에서 비롯된 완벽주의가 싫어지고 동정과 연민만으로는 감당할 수 없다고 느낀다. 남편의 흉터에 닿는 것이 싫어서 웅크리고 자는 선희의 마음이 전해지자 상협 역시 비참해한다. 그런 남편의 모습을 보며 선희는 남편의 아픔을 보듬지 못한 자신에게 실망한다.

남편과의 관계가 벽에 부딪힌 것처럼 꽉 막혀 있던 그때, 선희에게 상협을 사랑하고 존경한다면서 상협의 여자가 전화를 걸어온다. 상협은 "그 여자는 다를 것"이라고, 자신의 숨겨진 상처마저 따뜻하게 보듬어줄 것이라고 기대하지만 그 여자는 상엽의 상처를 보자마자 그를 떠난다. 선희는 그 모습을 보고 부족하긴 했으나 남편의 화상 자국과 마음의 상처를 함께 견디려고 애써온 자신과 비로소 화해할 수 있게 된다.

윤민이 부모님도 진료실에 들어만 오면 싸우는 부부였다. 윤민이 아빠 종윤씨는 삼형제 중 둘째였는데, 중학교 1학년 때 윤민이 할아버지가 자살로 사망하고 홀로 된 어머니가 장남과 막내아들만 편애했기에 늘 어머니의 인정을 받으려고 전전긍긍하면서 살아왔다. "어머님은 집에 전구를 갈아야 하거나, 뭐가 고장 나거나 하면 꼭 윤민이 아빠를 부르면서 좋은 일이 있을 때는 아주버님이랑 도련님 덕분이라고 해요"라고 윤민이 엄마가 말했다. 어머니의 인정을 못 받아서인지 종윤씨는 모든 사람에게 인정받고 싶어했다. 별로 친하지 않은 친구가 하는 사소한 부탁도 거절 못 해서 사업상 손해를 보는 일도 많았고, 친구들이 술 마시자고 부르면 늦은 밤에도 나가 술값을 내곤 했다. 윤민이 엄마 도연씨는 어려서부터 사소한 일에도 크게 소리 지르면서 혼내고 지적하는 부모님 아래에서 자라, 자기 자신이나 타인에게 모두 엄격한 완벽주의자였다. 종윤씨는 도연씨의 종이 한 장 들어갈 틈 없는 완벽주의가 숨막혔고, 자신이 실수하거나 친구들을 만나서 돈 쓰고 올 때마다 도연씨가 무시하는 눈빛으로 지적하는 것이 싫었다. 도연씨는 남편이 경제적인 능력이 뛰어난 것도 아니면서 친구들 때문에 종종 손해 보는 것이 속상했고,

맨날 친구들 만나러 다니느라 정작 가족들과 보내는 시간이 적은 것에 화가 났다. 윤민이 할머니가 부르면 총알처럼 뛰어가면서, 우리 집 베란다 전구는 몇 번을 말해도 갈아주지 않는 것을 보면 울화가 치밀기도 했다. 심리검사 결과를 설명하면서 윤민이에게 ADHD가 있는 것 같다고 말씀드리자, 완벽주의자 도연씨는 아이에게 문제가 있다는 것에 절망하면서 울기 시작했다. 이때 늘 싸우기만 하고 도연씨를 비난하던 종윤씨가 도연씨를 꼭 안아주는 모습이 참 인상적이었다.

인간은 누구나 그 마음속에 상처를 지닌 존재다. 그리고 우리는 모두 인간이어서 다른 사람의 상처를 다 이해할 수는 없다. 부부도 마찬가지다. 서로의 상처를 함께 견디고 부족한 모습도 함께 감싸안으며 그럭저럭 살아가는 것이 부부다. 아이가 생기면 함께 견뎌야 할 것이 더 많아진다. 서로 상처를 주고받으면서 싸우던 부부라 해도 어려운 상황에서 도연씨와 종윤씨처럼 손을 잡고 함께 견딜 수 있다면, 겨울이 지나고 봄이 오는 것처럼 지금보다 더 나은 때가 분명히 올 것이다.

엄마가
사랑했던
소년

●
●
●

　다정이는 우울, 불안, 환청 때문에 병원에 온 중학교 1학년 여자아이였다. 입원하고 약을 조정하고 상담을 하면서도 내내 말은 별로 하지 않고 울기만 했다. 그러다 퇴원을 이틀 앞두고 "선생님 사실 저 하고 싶은 얘기가 있어요"라며 마음속에 묻어두었던 것을 꺼냈다.

　다정이 엄마 희경씨는 고등학교 선생님이었다. 어려서부터 가정 형편이 어려웠고, 학비가 없어 대학 진학을 못 한 채 아르바이트를 하다가 열두 살 많은 다정이 아빠를 만나 석 달 만에 결혼했다. 다정이 아빠는 바르고 원칙적인 사람이었지만, 무심하고 재미가 없었다. 항상 바빠 희경씨와 보내는 시간은 드물었다. 시댁에서 아이를 빨리 갖기 원해서 다정이를 일찍 낳았다. 출산 후에는 시어머니에게 다정이를 맡기고 수능시험을 봐서 사범대학에 입학했다. 대학을 못 간 것이 너무 아쉬웠고, 자기 일을 해야 살 수 있을 것 같다고 생각해서 늦은 나이에 대학에 갔지만, 시어머니에게 아이를 맡기고 다니는 게 죄송스러워서 집-학교-집-학교의 생활만 했다. 대학 공부와 가사, 육아를 병행하느라 정신없이 바쁘고 힘든 시간이었다고 했다. 동아리 활동은 꿈도 못 꾸고 같은 과 동기들과 커피 한잔 하기도 어려웠다. 그렇게 사범대학을 졸업하고 임용고시를 본 뒤 처음 교사로 학교에 배정받았을 때 다정이는 초등학교 4학년이었다.

다정이는 그해 가을 무렵 엄마가 늦은 시간에 베란다에서 통화하는 소리를 우연히 들었다. 처음에는 누구랑 저렇게 다정하게 통화하나 싶었는데, 듣다보니 엄마가 다니는 학교의 학생과 사귀고 있다는 것을 알게 되었다. 전화로 사랑한다는 말도 하고, 뽀뽀도 하고, 학교가 끝난 후에 따로 만나기로 약속하는 것을 들으면서 다정이는 충격을 받았다.

다정이는 아빠도 알지 못하는 비밀을 자신이 알게 된 것이 무서웠고, 아빠가 이 사실을 알면 부모님이 이혼하고 가족이 깨질까봐 두려웠다. 그러면서 자신이 아빠를 속이고 나쁜 짓을 하고 있는 것 같다는 죄책감도 들었다. 엄마가 자기랑 여덟 살밖에 차이 나지 않는 학생과 사귀는 게 부끄럽고 화가 났으며, 엄마가 다니는 학교에서 이 사실을 알게 돼 소문이 퍼지지 않을까 하는 점도 걱정되었다.

엄마가 그 학생과 사귀면서 자기를 버리고 집을 나갈까봐 불안하기도 했다. 엄마가 무슨 말을 해도 다 거짓말 같고 믿을 수가 없었다. 다정이는 엄마의 비밀을 알게 된 다음부터는 내내 불안하고 긴장된 상태였다고 했다. 이런 마음이 오래 지속되다보니 일상생활에 집중하기가 어렵고 우울하며 불안하고 무기력해졌다.

희경씨는 경제적으로 어려운 형편에서 아주 어릴 때 결혼하고 아이를 낳는 바람에 연애를 한 번도 해보지 못했다. 남편은 자기 일을 열심히 하는 반듯한 사람이었고 다정이도 무척 예뻐했다. 희경씨가 대학생활을 하는 것도 전적으로 지원해주고 항상 희경씨 편이 돼주는 좋은 사람이었다. 그러나 나이 차이가 너무 많이 나고 관심사도 크게 달라서 희경씨가 좋아하는 것, 생각하는 것, 느끼는 것들에 대해서 함께 이야기 나누기는 어려웠다.

"저는 늘 외로웠던 것 같아요. 아이 키우면서 대학 다니느라 대학생활도 제대로 즐기지 못했고, 제 상황을 이해해주는 친구를 만날 기회도 없었어요. 늘 누군가의 아내로, 누군가의 엄마로, 학교 선생으로 사느라 저도 좋아하는 것이 있고, 하고 싶은 것이 있고, 생각하고 느끼고 숨 쉬는 사람이라는 것을 잊고 살았어요. 그런데 그 친구에게는 제가 좋아하는 것을 막 얘기하고 있더라고요. 좋아하는 음악 얘기도 하고 영화 얘기도 하고 그 친구랑 있을 때는 제가 저인 것 같았어요. 그 친구가 '사실은 마음이 여린 분이잖아요' '저하고 같은 영혼을 가지셨어요'라고 말했을 때, 정말 오랜만에 누군가가 나를 알아주고 내 마음을 들여다봐주는 것 같아서 좋았어요. 몇 달간이었지만 그 친구를 만나는 동안 설레고 행복했어요."

그 남학생에게도 선생으로서 잘못하고 있는 것 같고, 가족에게도 미안한 마음이 들어 몇 달 만에 관계를 정리했다. 아무도 모르게 지나간 줄 알았는데, 딸아이가 알고 있었다는 얘기를 듣고 희경씨도 많이 울었다. 민망하고 미안하고 다정이가 아픈 게 다 자신 때문인 것 같아서 후회와 자책감이 들었다. 나는 이런 이야기를 하는 다정이와 희경씨가 다 안쓰러웠다. 그렇지만 부모의 불륜은 아이에게 세상에 대한 기본적인 신뢰를 무너뜨리고, 버림받는 것에 대한 두려움을 불러일으킨다. 우울, 불안, 자존감 저하와 같은 증상을 야기하고 마음에 깊은 상처를 남겨서 이후 연애하고 결혼하는 과정에까지 영향을 준다.

인간은 모두 나약한 존재다. 아무리 강해 보이는 사람도 마음속에 외로움과 슬픔을 감추고 있곤 하다. 그러다보니 유혹에 흔들릴 수도 있다. 그중에서도 이해와 공감, 사랑은 가장 강력한 유혹이다. 그렇지만 어른인 우리는 이런 유혹에 흔들리지 않을 수 있어야 하고, 유혹에 흔들렸다면 거기에 책임질 수 있어야 한다. 그런데 부모가 유혹에 흔들릴 때는 그 책임을 자녀가 나눠서 지게 된다. 그래서 부모는 자신의 외로움과 슬픔을 스스로 견디고 토닥일 수 있어야 한다. 어른이 된다는 것은 본질적으로 외로움과 슬픔을 견디는 일인 것 같다.

싫다고
말하는 것이
두려운 아이

열 살 자윤이는 섭식장애와 우울증으로 병원에 왔다. 153센티미터, 28킬로그램으로 심각한 저체중인 것을 제외하면 똑똑하고 예쁘며 착하고 예의 바른 아이였다. 최근에 체중이 현저하게 줄어든 뒤 예전처럼 친구들과 놀지 못해 우울해했으며, 불안이 매우 높아 보였다. 집에서나 학교에서나 다른 사람들 눈치를 많이 보는 편이었고, 자기 의견을 잘 표현하지 못했다. 동물 그림을 보면서 이야기를 만드는 검사에서 무서워하는 아기 곰, 눈치 보는 원숭이, 겁내는 토끼 이야기를 만들었다. 가족 그림을 그릴 때는 TV를 보며 웃는 가족을 그려놓고 "서로 얼굴을 보며 웃는 게 아니라 각자 다른 생각을 하면서 웃으니까 따로따로인 기분이에요"라고 말했다. 또 엄마 아빠가 나를 버리는 꿈을 자주 꾼다고 했다.

자윤이 엄마 영주씨는 성공한 회사원이었다. 직장에서 인정받고 입사 동기들보다 승진도 빨라 주위의 부러움을 샀다. 자윤이 아빠 승철씨와는 인터넷 동호회에서 만났는데, 결혼 후 승철씨는 손대는 사업마다 실패해 집에서 쉬고 있었다. 승철씨에게 경제적인 능력이 없었기에 영주씨가 계속 가계 수입을 책임져야 했고, 자윤이가 태어나면서부터 영주씨 어머니가 함께 살며 자윤이와 동생을 돌보고 있었다.

영주씨의 가장 큰 걱정은 자윤이의 섭식장애였지만, 영주씨 스스로도 오랜 우울감, 불안감과 함께 죄책감, 분노 등의 감정을 가지고 있었다. 남편한테 경제적 능력이 없어 자신이 10년 넘게 벌이를 책임지는 것도 힘들었고, 직장을 알아보지도 않으면서 집안일이나 육아도 하지 않는 남편에게 화가 나 있었다. 영주씨 어머니는 영주씨가 어렸을 때부터 거칠고 심한 말을 많이 해 서로 사이가 좋지 않았는데, 넉넉하지 않은 살림살이로 어쩔 수 없이 아이를 어머니에게 맡길 수밖에 없는 상황이 너무 싫었다. 영주씨 어머니는 손녀 자윤이가 반찬을 하나라도 남기면 소리 지르고 함부로 대하기도 했는데, 이런 것을 보면 영주씨 자신이 엄마로서 몹시 무력하게 느껴졌다.

영주씨가 어렸을 때 영주씨 아버지도 경제적 능력이 없었다. 영주씨 어머니가 우유 배달부터 온갖 일을 다 해 영주씨를 키웠다. 영주씨 어머니가 영주씨에게 함부로 하고 심한 말을 하는데도 영주씨가 이에 맞서 적극적으로 얘기하지 못하는 것은 엄마가 얼마나 고생하면서 자신을 키웠는지 알기 때문이다. 그런데 자윤이조차 외할머니가 심한 말을 하는데도 뭐라고 대꾸하지 못하고, 적극적으로 자신의 감정을 표현하지 못한 채 무력하게 있는 것을 보니 어릴 때 자기 모습이 떠올라 속상했다.

영주씨는 겉으로는 잘나가는 직장인이었지만, 마음속으로는 늘 외롭고 막막했다. 힘들게 일해서 자신을 키우는 것이 안쓰러워 어려서부터 어머니가 속상할 만한 일을 만들지 않으려고 모범적으로 살았다. 심한 말을 하며 자신을 함부로 대하고 조종하려는 어머니에게 화가 날 때도 참기만 했다. 집 안에서나 밖에서나 남들이 보기에 바람직한 모습으로 살려고 애썼다. 감정을 표현하는 것이 두려워서 꾹꾹 억누르면서, 부모가 기대하는 모습에 맞는 '거짓 자아false self'를 발달시켜온 것이다.

안타깝게 자윤이도 영주씨의 이런 모습을 꼭 닮았다. 외할머니가 자기에게 심한 말을 해도, 아빠가 아무런 관심을 주지 않아도, 엄마가 심한 말을 하는 할머니를 내버려두는데도 항상 모범적이고 바른 모습만을 보여주려고 했다. 속상하거나 화나는 감정은 모두 꾹꾹 숨겼다. 하지만 눌러놓은 감정은 바람을 가득 채워넣은 풍선처럼 언젠가는 터지기 마련이다. 자윤이에게서는 이런 감정이 섭식장애와 우울증으로 나타난 것이다.

"제 마음속에 열 살짜리 영주가 살고 있다는 것을 이번에 알게 됐어요. 억척스럽고 드센 성격에 늘 저한테 비난만 하던 엄마를 무서워하는 열 살짜리 영주요. 혹시라도 제가 엄마 마음에 들지 않으면, 제가 엄마한테 화내고 소리 지르면, 엄마가 저를 버리고 가버릴까봐 두려웠던 것 같아요. 자윤이도 나중에 저처럼 되면 어떡하죠?"라고 영주씨는 말했다. "영주씨가 자윤이의 마음을 못 읽어주거나, 외할머니로부터 자윤이를 막아주지 못한 것은 잘못이긴 한데요, 그래도 영주씨는 영주씨 엄마보다 좋은 사람이에요. 적어도 자윤이에게 소리 지르거나 자윤이를 조종하려고 하지는 않잖아요. 아마 자윤이는 엄마가 자기를 버릴까봐 두려워하지는 않을 거예요. 그러니까 열 살의 자윤이는 열 살의 영주씨보다 나은 거예요"라고 말했더니 한참 동안 울었다.

치료를 받으면서 영주씨도 자윤이도 감정과 생각을 표현하는 것이 점차 나아졌고 자윤이의 섭식장애도 호전을 보였다. 자윤이는 외할머니에게도 하고 싶은 말을 하기 시작했다. 영주씨와 자윤이가 시장에 갔다가 외할머니가 좋아하는 망고를 사왔는데 "어제도 장에 갔다 오더니 왜 또 장에 갔다 왔냐? 쓸데없는 데 돈 쓰지 말아야지. 돈이 썩어 넘치냐? 너는 돈도 새똥만큼 벌면서 어떻게 아낄 줄을 모르냐?"라고 화내면서 심한 말을 하니까, 자윤이는 "할머니, 그냥 좋으면 좋다고 표현해주세요"라고 이야기했다. 할머니도 자윤이가 말대답하는 게 처음이라 어안이 벙벙해서 멍하게 있다가 "맞

아. 나도 좋아서 그랬어. 미안해"라고 했다. "자윤이가 하고 싶은 말을 잘 전달하는 걸 보니까 너무 좋았어요. 나도 못 하는 걸 아이가 하는 것 같아서 아이한테 배워야겠다고 생각했어요"라고 영주씨는 웃으면서 말했다.

현승이는 혼자서 잠자는 것을 무서워하는 초등학교 2학년 학생이었다. 아기 때부터 잠을 잘 못 자서 두 시간마다 깼고, 어린이집에서도 낮잠을 자는 법이 없었다. 초등학교 1학년 때부터 아이 방을 만들어주고 혼자 자는 연습을 시켰는데 계속 혼자서 잠자기를 어려워했다. 자기 방에서 잠들었다가도 엄마 아빠가 어디에 있는지 확인하고, 안방 문을 열고는 물끄러미 바라보기도 했다. 아이는 예민한 기질을 타고난 데다 불안이 높고, 애정과 관심에 대한 욕구가 많았지만 가정 안에서는 이러한 욕구가 채워지지 않는 것으로 보였다. "우리 엄마 아빠는 안 바쁜 날이 없어요. 그치만 시간이 있으면 재미있게 놀아주세요"라고 말하기도 했고, "저는 오늘처럼 엄마가 말도 들어보지 않고 혼낼 때가 정말 싫어서 계속 울고 싶다는 생각이 들어요"라고 말하기도 했다. 불안하고 예민한 기질의 아동이 정서적 어려움을 겪으면서 수면 문제가 지속되는 것으로 여겨졌다.

현승이 엄마 연지씨는 우울감이 매우 심해서 활달하고 정서적 욕구가 많은 아동을 양육하는 것을 어렵고 부담스러워했다. 자신이 정서적으로 불안정하다보니 현승이를 감정적으로 대할 수밖에 없었다. 연지씨 부모님은 어릴 때 이혼해서 연지씨는 엄마 손에서 자랐다. 그런데 그 엄마는 연지씨가 서른 살에 결혼을 앞두고 있을 때 연락을 끊더니 동생 친구 아버지와 재혼한 뒤 전 재산을 가지고 떠나버렸다.

연지씨는 엄마가 갑자기 연락을 끊고 사라졌을 때 세상이 무너지는 느낌이 들었다고 한다. 어른이 된 이후의 일이지만 엄마에 대한 배신감과 아빠에 이어서 엄마에게까지 버림받았다는 느낌, 세상에 혼자 남겨졌다는 막막함, 자신이 너무 나약하고 무기력해 아무것도 할 수 없는 사람이라는 생각이 들었다. 현승이를 볼 때도 막막하고 자신이 과연 아이를 잘 키울 수 있을까 하는 생각만 자꾸 들었다.

어른이 된 우리의 마음속에는 아직 자라지 못한 아이가 살고 있다. 그 아이는 우리의 어린 시절 혹은 어른이 된 이후에 우리가 우리 부모에게 받았던 상처를 항상 기억하고 우울해하거나 불안해하거나 두려워하고 있다. 우리가 우리 아이에게 하는 많은 것이 마음속 아이, 그리고 그 아이에게 영향을 준 우리 부모로부터 영향을 받는다. 내 아이와의 관계가 뭔가 잘 풀리지 않을 때, 내 마음속 아이의 목소리를 들어보자. 함께 울어주고 웃어주고 같이 화내고 내 마음속 아이의 눈물을 닦아주고 토닥토닥해주어야, 내 부모의 영향에서 벗어나 아이에게 좋은 부모가 되어줄 수 있다.

부당한
상처는
받지 않겠습니다

．
．
．

　수연이는 자해와 자살 시도로 병원을 방문했다. 예민하고 섬세한 기질을 가진 아이여서 중학교 때부터 선생님이나 친구들의 영향을 많이 받았고, 환경에 따라 불안이나 우울, 감정 기복을 보였다. 비슷한 성향의 아이가 많은 학교에 가면 좋을 것 같다고 생각해서 기숙학교에 진학했는데, 코로나19가 급격히 확산되면서 기숙학교에서 외출, 외박, 출입 등이 차단되고 학생들끼리의 모임이나 동아리 활동도 제한되면서 기숙사에 혼자 남겨진 느낌으로 외롭고, 우울하며, 불안했다. 그러면서 죽고 싶다는 생각도 하고, 손목에 자해도 하기 시작했다. 혼자 남겨져 있고, 자신이 얼마나 힘든지 아무도 몰라준다는 생각이 들 때는 자해한 상처를 SNS에 올리기도 했다. 방학에 집으로 올 때 가족들과 시간을 보내고, 상담도 다니면 기분이 좀 나아지다가, 학교 기숙사에 가면 며칠 되지 않아 불안이 확 올라오고, 우울감과 자살사고가 심해지면서 다시 자해를 했다. 학교와 기숙사 환경이 수연이에게 좋지 않을 듯해 휴학과 자퇴를 고민할 무렵, 수연이와 같은 학년인 민혁이 엄마가 수연이 엄마에게 전화를 했다.

"내가 수연이 엄마한테 전화를 할까 말까 고민을 많이 했는데, 다른 엄마들은 아무도 얘기를 안 해줄 것 같아서 나라도 얘기하려고. 자기는 수연이가 SNS 하는 거 알아? SNS에 자해하는 사진을 올리는 거 같더라고. 알고 있었어? 나는 자기가 모르는 줄 알았지. 수연이를 저렇게 두면 안 될 것 같아서 도와주려고 연락했지." 수연이 엄마는 수연이 상황을 잘 알고 있고, 수연이가 따로 상담과 치료를 받고 있으며, 학교의 상담 선생님이나 보건 선생님과도 상의하고 있는 데다, 학교 환경이 힘든 것 같아서 휴학이나 자퇴에 대해서도 담임 선생님과 논의 중이라고, 지금 수연이를 위해서 할 수 있는 일은 다 하고 있다고 설명했다. 그런데 설명을 하면서도 마음이 불편했다. 내가 왜 이런 사실을 친하지도 않은 남의 엄마한테 설명하고 있지, 안 그래도 아이 문제로 힘들고 신경 쓸 것도 많은데, 우리 아이가 민혁이에게 피해를 준 것도 아닌데 왜 이런 전화에 답변하고 있지 하는 생각에 가슴이 답답해졌다.

아이를 키우다보면 조리원 동기부터, 옆집 엄마 혹은 아이 친구 엄마들과 만나거나 연락할 일이 많다. 이렇게 만난 엄마들 가운데 내 친구보다 나를 더 이해하고 힘이 되어주는 사람도 있지만, 서로의 아이들을 비교하면서 사이가 멀어지거나, 아이들끼리의 다툼 때문에 엄마들끼리 다투게 되는 일도 종종 있다. 우리 아이가 그 집 아이를 때리거나 피해를 입혔다면 엄마도 사과하고 아이에게도 친구한테 사과하도록 하는 게 당연하다. 반면 우리 아이가 잘못한 것이 특별히 없는데도 우리 아이의 잘못에 대해서 지적하거나, 그 집 아이가 우리 아이를 괴롭히거나 우리 아이에게 잘못을 했는데도 미안해하지 않거나, 수연이의 경우처럼 본인이나 그 집 아이와 직접적인 관련이 없음에도 불구하고 도와주려고 전화를 했다며 참견하는 사람도 있다. 그런 때에 엄마는, 자기 잘못을 자신의 지인에게 지적당했을 때보다 더 큰 스트레스를 받는다.

『이제는 오해하면 그냥 둔다』라는 책에서 김다슬 작가가 말하는 것처럼, "본인이 선의로 관심을 가지고, 다 너 좋으라고" 하는 말이어도 듣는 사람에게 꼭 도움이 되는 것은 아니다. 듣는 사람이 원하지 않으면 그 행위는 불쾌하고 짜증나는 참견과 오지랖이 된다. 이런 조언이나 참견 뒤에는 상대방을 위하는 마음과 함께 '내가 너보다 낫다' '너는 나의 도움이 필요한 사람이다'라는 다소간의 자기애적인 만족이 숨어 있는 경우도 종종 있다. 또 '다 너를 위해서 하는 말이야' '네가 걱정돼서 그래'라는 말 뒤에는 다른 사람을 조종하려는 의도가 숨어 있기도 하다. 정말로 상대방을 위하는 사람은 상대에게 관심과 도움이 필요한 때인지를 고민하고, 그의 마음에서 일어나는 감정을 배려하면서 말한다. 민혁이 엄마처럼 누군가가 나에 대한 배려가 없는 참견을 한다면, 그런 말들이 나를 다치지 않게 조치하는 것도 필요하다.

우리가 살면서 마주치는 이 모두에게 좋은 사람이 되거나, 모두에게 사랑받는 것은 불가능하다. 그리고 살면서 누구에게도 미움받지 않거나 상처받지 않는 것도 불가능하다. 그렇지만 누구에게 좋은 사람이 될지, 누구에게 미움받지 않을지, 어떤 사람이 하는 말에는 상처받지 않고 무시할지는 우리가 선택할 수 있다. 나에게 소중하고, 나를 이해해주고, 내 편이 되어주는 이에게는 좋은 사람이 되려고 노력하지만, 그 밖에는 예의를 지키면서 적당한 거리를 유지하는 것이 필요하다. 나에게 중요하지 않고, 나를 잘 모르는 사람들이 나를 오해하거나 미워하면 어쩔 수 없는 일이다. 잘 알지도 못하면서 미워하든 말든 내버려둘 수밖에……. 내게 소중한 사람이 나를 미워하면 속상하며 마음이 아플 테고, 또 뭔가 오해를 풀거나 내가 노력해야 할 부분을 찾아봐야겠지만, 별로 중요하지 않은 이들에게까지 그런 노력을 하면 감정적으로 지나치게 소모되고 힘들어진다. 그래서 나를 별로 배려하지 않는 사람들이 나에게 건네는 오지랖이나 참견을 튕겨낼 수 있는 뱃심도 필요하다. 그들이 나에게 상처를 입힐 수 없도록…….

초등학교 1학년 인태는 입학하고 얼마 되지 않아서 황당한 일을 겪었다. 같은 반인 슬기와 사소한 일로 한 번 다투었지만 두 아이는 곧 화해하고 사이좋게 학교생활을 하고 있었는데, 슬기 엄마가 갑자기 학교 교실에 찾아와서 인태에게 소리 지르고 인태의 뺨을 때린 것이었다. 담임 선생님과 학교에서도 전혀 예상치 못한 일이라 당황하고, 그 모습을 지켜본 같은 반 친구들도 놀라며, 누구보다 인태가 몹시 당황한 데다 속상하고 힘들어하는 상황이었다. 슬기 엄마는 인태나 인태 엄마, 학교에 모두 사과하지 않았고, 학교에서 중재하려는 것에도 전혀 반응하지 않았다. 보다 못한 인태 엄마가 경찰에 신고를 했는데도 "우리 집안에 경찰, 검찰이 몇 명 있는지 아느냐?" 며 눈도 깜빡하지 않았다. 나를 찾아왔을 때는 인태도, 인태 엄마도 반복되는 경찰 조사와 반성하지 않고 너무 당당한 슬기 엄마의 태도에 이미 지쳐 있었다.

인태는 폭력을 당한 후 엄마와 떨어지기 힘들어하고 낯선 사람을 만나면 엄마 뒤에 숨어서 나오지 않으려 하며, 작은 소리에도 깜짝깜짝 놀라고, 자다가 무서운 꿈을 꾸는지 흐느끼기도 했다. 놀이치료 시간에는 태풍이 불어서 무너지는 집 이야기나, 괴물이 쳐들어와서 사람을 잡아먹는 이야기를 만들었다. 세상은 언제라도 예상치 못한 위협이 닥쳐올 수 있는 안전하지 않은 곳으로 인식하고 있었고, 언제든 상해를 입을지 모른다는 두려움에 휩싸여 있었다. 놀이치료 때 "아빠는 헐크, 엄마는 아이언맨, 난 토르"라며 가족들이 악당을 무찌르는 놀이를 하곤 했지만, 악당의 공격에 집이 무너져서 아이언맨이 죽는 이야기를 반복적으로 만드는 것으로 미루어 폭력에 노출된 상황에서 자신을 지켜주지 못한 엄마에 대한 적대감과 분노감도 함께 갖고 있는 것 같았다.

인태 엄마는 인태와 슬기가 싸웠다는 얘기를 처음 들었을 때 좀 더 자세히 물어보지 않은 것이 후회되고, 사건 진행 과정에서 슬기 엄마나 학교, 경찰 등에게 부당한 대우를 당했다는 생각이 들면서 죄책감, 분노감, 우울감 등으로 정서적 불안 상태였다. 사건과 관련된 자신의 감정을 감당 못 해 일상생활을 잘 유지하기도 어려웠고, 길에서 우연히 슬기 엄마를 마주쳤을 때, 인태보다 엄마가 먼저 털썩 주저앉는 바람에 인태가 엄마를 위로하기도 했다. 그러다보니 인태의 감정을 받아주고 보듬고 아이가 안정감을 느낄 수 있는 환경을 제공하기가 어려웠다.

인태와 인태 엄마가 겪은 것은 명확히 부당하고 억울한 일이다. 상대에게 사과와 재발 방지를 요구하거나 법적·행정적 처리를 하는 것은 당연하다. 그런데 그 과정에서 엄마가 자신의 마음을 돌보기 어려워 우울·불안해지거나, 아이의 마음을 들여다보지 못한 채 아이의 심리적 발달에 영향을 준다면 이차적으로 큰 피해를 입게 된다. 그래서 부당한 일이 나와 아이에게 영향을 주지 않도록 내 마음을 잘 돌보는 것이 요구된다. 나 스스로의 마음을 돌보기 어려우면 주변 사람이나 정신건강 전문가에게 도움을 받는 것이 좋다. 그리고 이런 마음을 가져보자. '부당한 상처는 받지 않겠습니다.'

소아 당뇨, 난독증,
ADHD 아이도
함께 어울리는 사회

담임 선생님과 태권도 관장님이 로또처럼 너무 좋으세요. 올해는 너무 좋은 담임 선생님과 너무 좋은 관장님을 만나서 잘 지냈는데, 내년에는 어떤 분을 만날지 걱정이에요. 아이를 키우다보면 부모의 몫은 20~30퍼센트이고 외부 역할이 중요한 것 같아요.

ADHD로 치료 중인 상돈이 엄마가 한 말씀이다. ADHD인 아이를 키우면서 엄마는 최선을 다했다. 약물치료도 열심히 했고, 아이의 마음을 읽어주는 법, 아이가 행동을 잘 조절하도록 하는 법, 학습 시키는 법을 공부하면서 아이가 학교나 태권도장, 학원, 놀이터

등에서 특별한 문제 없이 잘 지내게 하기 위해 노력했다. 그렇지만 담임 선생님이나 학급 분위기에 따라서 상돈이의 생활에는 차이가 많이 났다. 담임이 아이가 조금은 다르다는 것을 이해하고 받아들여주거나, 아이가 노력하는 부분을 찾아서 칭찬을 해주시는 분이었던 해에는 상돈이도 잘하려고 노력하면서 학업도 친구관계도 잘했던 반면, 담임이 사소한 잘못이나 산만함도 참지 못하고 바로바로 지적하면 상돈이도 위축되고 반항적으로 바뀌었다. 이렇게 엄마와 아이가 최선을 다해도, 아이가 살고 있는 환경에 따라서 아이의 문제는 큰 것이 되기도 하고 그렇지 않기도 하다.

"한 아이를 키우려면 온 마을이 필요하다." 아프리카 속담이라고 한다. 어떤 아이로 자라느냐에는 아이 자신의 타고난 기질, 부모의 양육 방법, 유치원이나 학교에서 아이가 만나는 선생님과 친구뿐 아니라 우리 사회가 양육에 대해 갖고 있는 자세나 태도, 문화와 시스템이 많은 영향을 미친다. 아이가 건강하게 잘 자라도록 하려면, 그리고 부모가 아이를 잘 키울 수 있도록 하려면 개인적인 노력도 중요하지만 부모가 아이를 잘 양육할 수 있고 아이들이 편안하고 안전하게 성장할 수 있는 사회적 환경도 중요하다. 그런데 우리 사회는 아이들이 겪고 있는 어려움을 '사회' 문제라기보다는 부모 혹은 아이 '개인'의 문제로 여기는 경향이 있다. 그러다보니 방송에 나오는 육아 프로그램이나 육아와 관련된 서적을 보면서 모든 문제를 부모에게 돌리는 듯해 불편하다고 하시는 분들을 가끔 만난다. 그래서 이 책을 쓰면서 부모가 아이를 잘 키울 수 있도록, 또 아이들이 안전하고 편안하게 자랄 수 있도록 사회가 노력했으면 하는 것에 대해서 꼭 이야기하고 싶었다.

우선 부모가 아이를 양육할 때 쉽게 도움을 받을 수 있는 사회적 제도가 필요하다. 영화 「82년생 김지영」을 보면 자기 의사와 무관하게 직장을 그만두고 아이를 거의 혼자 키우면서 고전하는 김지영씨의 모습이 나온다. 이렇게 엄마가 힘든 독박 육아를 하거나, 양가 부모님의 도움을 받아야만 아이를 키울 수 있는 상황에서는 아이를 잘 돌보기가 어렵다. 가정에서 아이를 양육하면서 필요한 돌봄 서비스나 아이를 믿고 맡길 수 있는 보육 기관이 확충되어야 한다. 현재 우리나라의 보육 서비스는 이용하기도 어렵고, 정말 필요로 하는 시간(예를 들어 출근 전 이른 시간이나 저녁 시간)에는 공급이 충분하지 않다. 국가가 제공하는 보육 서비스는 대부분 아이를 돌봐주는 사람이 계속 바뀌는 편이어서, 같은 사람에게 안정적으로 아이를 맡길 수 있는 시스템도 아니다. 아동의 발달 단계에 따라 아동과 양육자의 요구도 다르고 돌봄의 방식도 달라져야 하는데 이런 부분을 만족시킬 만한 서비스도 많지 않다. 엄마와 아이가 모두 행복하도록 국가와 사회에서 쉽게 이용 가능하고, 질 높은 양육 서비스를 제공해야 한다.

둘째, 엄마가 직장을 그만두지 않고서도 아이를 잘 양육할 수 있도록 하려면 자녀 양육에 좀더 호의적인 근로 환경이 갖춰져야 한다. 영유아기에는 아이를 돌볼 시간을 충분히 가질 수 있도록 육아휴직을 활성화하는 것이 중요하다. 대개 육아휴직을 사용하지 못하는 것은, 휴직 기간에 가계 수입이 크게 줄어들거나, 휴직 이후의 직장 내 경력에서 어려움이 생기기 때문이다. 육아휴직을 사용해도 가계 수입이 어느 정도 이상 되도록 휴직급여를 상향 조정하고, 고용주에 대한 세제 혜택 등을 통해 눈치 보지 않고 육아휴직을 쓸 수 있는 분위기를 만드는 것도 필요하다. 더불어 정해진 시간에 퇴근하고 초과근무하지 않는 분위기, 부모도 육아와 관련해서 직장에서 편히 연차를 낼 수 있는 분위기, 무급자녀병가/간병휴직을 눈치 보지 않고 쓸 수 있는 분위기도 갖춰져야 한다.

셋째, 아빠가 육아에 참여하는 것이 당연시되는 사회 분위기가 조성되어야 한다. 「82년생 김지영」에서 남편(공유 분)이 현실의 남편들보다 훨씬 더 김지영을 배려하고 노력하지만 육아에 있어서는 주체라기보다 '도와주는' 정도의 역할에 그친다. 기본적으로 육아는 자신의 일이 아니라 엄마의 일이라는 태도다. 아빠들도 양육을 자신의 일이라 여기고, 아빠들의 직장에서도 양육과 관련하여 유연하게 근무 시간을 조정하며 쉽게 육아휴직을 이용할 수 있는 분위기가 조성되어야 할 것이다.

넷째, 다양성을 이해하고 인정하는 사회문화적 환경이 필요하다. 2017년 3월부터 2018년 6월까지 미국 보스턴 근처 브룩라인이라는 도시에서 아이들과 함께 지냈다. 워낙 다양한 인종이 살고 있고,

나처럼 한두 해 머물다 가는 외국인 학자와 의사가 많은 동네여서, 아이들이 다양한 인종과 문화, 언어에 익숙하기도 하지만, 학교와 사회 전체가 다양성을 존중하도록 가르치는 것이 인상적이었다. 특히 신체적·정신적 어려움을 가진 아이들에 대한 다양성이 인정받고 배려되는 것이 특징적이었다.

브룩라인의 학교에서 아들과 같은 축구팀이었던 12명 가운데 1명은 천식이 있었고, 1명은 소아 당뇨, 1명은 난독증이 있었다. 그런데 이 아이들이 아픈 것을 학교 선생님뿐 아니라 친구 부모들이 다 알고 있어서 함께 도와주었다. 공을 차다가 숨이 차면 아무 엄마에게나 말하고 나와서 네뷸라이저를 불고, 당뇨가 있는 아이를 생일 파티에 초대할 때는 아이의 식단을 함께 신경 써주었다. 딸과 같은 반에는 ADHD로 약을 먹는 아이가 있었는데 학교 친구나 부모님 모두 이 아이가 ADHD로 치료 중인 것을 알지만 아무도 그런 이유로 차별하지 않았다. 활발하고 밝은 아이라서 오히려 학교에서 학예회 사회도 보고 다양한 역할을 했다. 한국에서 소아 당뇨가 있는 아이들이 화장실에서 몰래 인슐린 주사를 맞고 다른 아이들이 자기가 아픈 것을 알게 될까봐 전전긍긍하며, ADHD가 있는 아이들이 왕따당하는 현실을 떠올리면 다양성이 존중되는 문화가 부럽지 않을 수 없었다.

마지막으로 촘촘한 사회복지 안전망이 필요하다. 아동학대는 사회적 취약 계층에서 더 많이 일어난다. 아이가 몸이 아프거나 우울하거나 행동 문제가 있어도 병원에 데리고 올 부모가 없거나, 부모가 늦게까지 일해야 먹고살 수 있어서 아이를 데리고 올 시간이 없는 경우도 있다. 경제적·시간적 여유가 없는 부모들은 아이와 자신의 마음을 들여다보며, 적절한 양육 방법을 고민하고 노력하기 어렵다. 그러다보니 조기에 개입했으면 어렵지 않게 해결되었을 만한 문제가 걷잡을 수 없이 커지기도 한다. 그래서 사회적 취약 계층에 대한 촘촘한 복지 서비스와 신체 질환 및 심리적인 어려움을 가진 아이들을 위한 치료 지원도 중요하다.

부모들은 아이와 자신의 감정을 들여다보고 조절하느라 어려운 시간을 견디며 자녀를 키운다. 그러나 이런 부모의 노력만으로는 부족하다. 부모의 양육을 실제로 돕는 양육 지원 서비스, 다양한 아이를 이해하고 인정하는 문화, 촘촘한 사회적 복지 안전망 같은 것이 좋아져서, "온 마을이 아이를 키우는" 사회가 되기를 소망해본다.

부모의
성장통

●
●
●

　어렸을 때 나는 빨리 어른이 되고 싶었다. 어른이 되면 하고 싶은 것은 뭐든 할 수 있을 줄 알았다. 20대 때는 의과대학에 다니며 공부하고 의사가 되느라 내가 어른이 됐는지 생각할 겨를이 없었다. 30대 때는 일하면서 아이 낳고 키우느라 그 시절이 어떻게 지나가는지도 몰랐다. 마흔 살이 넘으면서는 흰머리가 생기고 여기저기 아프기 시작했다. 이제 친구들을 만나면 다들 고혈압약, 당뇨약을 먹기 시작한 이야기, 연로하신 부모님을 챙기느라 바쁘다는 이야기, 뜻대로 되지 않는 자식들 때문에 속상하다는 이야기, 젊었을 때 꿈꾸던 것과는 달리 세상이 참 내 뜻 같지 않다는 얘기를 한다.

정신건강의학과 의사 김혜남은 『어른으로 산다는 것』에서 "어른이 된다는 것은 세상과 나의 한계를 인정하고 받아들이는 일"이라고 했다. 살다보면 내 뜻대로 되지 않는 일이 많고, 노력한다고 해서 항상 좋은 결과가 따르는 것도 아니며, 꿈과 현실은 항상 다르고, 즐거운 일보다 고통스러운 일이 훨씬 많고, 결국 모든 일이 내가 겪고 감당하며 견뎌야 하는 일임을 깨닫게 된다. 열심히 하면 다 이룰 수 있다고, 내가 노력하고 있으니 잘될 거라고 막연히 믿었던 젊은 날의 믿음이 이제는 현실이 아님을 깨닫고, 인간으로서의 내 한계를 받아들이는 것이 어른이 되어가는 과정이라는 얘기다.

또 나 자신과 상황에 대한 것뿐 아니라, 주변 사람들에 대해서도 이전에 가지고 있던 이상화된 모습에서 벗어나 있는 그대로의 모습을 보고 받아들이며 인정하는 것이 어른이 되어가는 과정이다. 내가 진심을 다해 대하면 상대방도 내 마음을 알아줄 것이라는 믿음은 젊었을 때는 어려움을 견디고 세상을 향해 나아가는 힘이 되었지만, 어른이 되면 수정되어야 한다. 오히려 내가 진심을 다해도 상대방 마음에 가닿지 않을 수 있고, 상대방 마음이 나와 같기 어려울 수 있으며, 또 진심을 다해도 상대방이 나를 배신하거나 버릴 수 있다는 것을 받아들이는 게 어른이 되어가는 과정 같다.

마찬가지로 부모가 되는 것도 끊임없이 내려놓는 과정이다. 제아무리 노력해도 아이가 내 뜻대로 되지 않는다는 것을 받아들이고, 이 험난한 세상에서 내가 아이를 지키는 데에도 한계가 있음을 받아들이는 과정이다. 그래서 부모가 된다는 것은 자신이 부족한 부모임을 견디는 일이다.

소현이는 중학교 3학년이다. 1학년 때 학생회 활동에 관심이 많고 친구들과 어울리는 것을 좋아해서 3학년이 되자마자 전교 회장 선거에 출마하겠다고 선언했다. 그런데 같은 반의 다른 친구도 전교 회장 선거에 출마하겠다고 하자 담임 선생님이 한 반에 두 명이 나가는 경우는 거의 없다며 노골적으로 그 친구 편을 들고 학우들 앞에서 소현이에 대해 안 좋게 말씀하셨다. 소현이가 너무 속상해 엄마한테 이 이야기를 했더니 담임께 엄마가 전화를 걸었다. 담임 선생님은 이런 전화를 불쾌히 여겨 이후 소현이를 더 차갑게 대하셨다. 소현이는 선생님이 차가운 반응도 속상하고, 친구들이 그 모습을 보고 자신한테 함부로 하는 것 같아서 속상했다. 엄마가 전화하는 바람에 상황이 더 악화된 듯해 엄마 또한 원망스러웠다.

"엄마가 저를 미워하잖아요. 엄마는 저를 계속 미워했어요. 예전부터 그랬어요. 엄마한테도 그런 이야기를 한 적 있어요. 100점 못 맞았다고 하루 종일 눈치 보게 만들고, 실수로 한 개 틀린 건데 그거 가지고 계속 미워하고 내가 뭐만 하면 '네가 원래 그렇지'라고 이야기하고…… 나를 좋아한 적이 없어요."

소현이는 담임 선생님과의 관계 문제로 인해 위축되고 우울감과 불안감을 느꼈으며, 선생님과 친구들에 대해서도 화가 나 있었다. 원래 지나치게 경쟁을 강조하는 학급 분위기를 싫어했는데, 이번

사건을 계기로 자신을 바라보는 타인의 시선에 대해 느끼는 불만과 소외감이 높아졌다. 그런 상황에서 모든 분노와 적개심, 억울한 마음이 엄마에게 전치되었다. 소현이 엄마 해연씨는 원래 예민하고 불안이 많아 소현이를 따라다니면서 지적하는 성격이었고, 아빠 영철씨는 규칙과 질서를 중요시하는 원칙주의자였다. 평소 엄마에게 서운하거나 화나 있던 것까지 다 합쳐져 엄마에 대한 원망으로 터져나왔다.

해연씨는 완벽주의적 성격으로 아이에게도 엄격했지만, 자기 자신에게도 엄격한 편이었다. 소현이에게도 좋은 엄마가 되고 싶어서 노력하며 키웠는데, 담임에게 전화한 것 때문에 소현이로부터 엄청난 원망을 들으면서 그동안 노력했던 것이 엉망이 된 듯해 속상하고 마음이 아팠다. 소현이가 이게 다 엄마 때문이라고 얘기할 때마다 자신이 너무 모자라고 부족한 엄마인 것 같아 속상하고 어떻게 해야 할지 몰라 막막했다.

아이를 키우다보면 해연씨처럼 내가 모자라고 부족한 엄마인 듯해 부끄럽고, 내가 아무리 노력해도 아이를 도와줄 수 없는 경우도 많다. 그냥 내가 할 수 있는 것이 "내가 모자란 부모라는 것을 견디는 일"밖에 없을 때도 많다. 이렇게 모자란 부모라는 점을 견디는 것도 부모의 역할 가운데 중요한 일이다. 청소년기에 아이들은 자존감에 상처를 입는 일이 많다. 자기 비하 때문에 괴로워하는 아이도 많다. 이때 부모가 자신의 부족하고 모자란 모습을 담담히 견디는 걸 본 아이들은, 스스로가 모자라게 느껴지고 싫어질 때도 다른 아이들보다는 더 담담히 견딜 수 있다.

　세상에 완벽한 부모는 없다. 부모란 본질적으로 부족하고 모자란 존재인지 모른다. 어느 웹툰에 나오는 말처럼 "너는 아이로, 나는 엄마로 자라느라 우리는 둘 다 성장통을 겪는 중이다."[20]

행복한
부모의 아이가
행복하다

진철이 엄마는 자기도 모르게 진철이에게 자꾸 소리를 지르게 된다며 힘들어하셨다. "야 내가 그거 하지 말라고 몇 번을 말했어"라고 엄마가 진철이에게 고함치면, 진철이도 금세 동생에게 가서 "조용히 해"라고 소리 질렀다. "소리 지르면 안 된다는 것을 머리와 가슴으로는 알겠는데 입과 손이 따라주지를 않아요. 선생님, 목소리가 안 나오게 하는 약은 없나요?"라고 진철이 엄마는 말했다. 진철이만 바라보느라 너무 지치신 것 같아서 "어머니는 뭐 하고 쉬세요? 어머니는 요즘 삶의 낙이 뭐예요?"라고 여쭤봤더니 아무 말씀 못 하고 한참 동안 눈물만 떨어뜨리셨다. 진철이 엄마가 아니라도 많은 엄마가 나 자신의 휴식, 위로, 기쁨, 행복을 생각하지 못하고 살아간다.

드라마 「슬기로운 의사생활」에서 익준(조정석 분)은 이혼하고 혼자 아이를 키우는 아빠로, 장기이식을 주로 하는 외과 의사로, 늘 주변 사람들을 챙기고 배려하며 웃겨주는 사람이다. 항상 자신보다는 가족을, 친구를, 환자들을 우선시하는 익준의 모습을 보고 송화(전미도 분)가 "넌 너한테는 뭐 해주니?"라며 물어보는 장면이 나온다. 익준은 자신이 좋아하는 송화에게 "너랑 밥 먹고 차 마신다"고 웃으며 대답한다. 실제로 부모인 우리 자신을 위해서, 우리 자신의 휴식, 위로, 기쁨, 행복을 위해서는 뭔가를 할 시간과 경제적 여유가 없을 때가 많다. 먹고살기도 힘들고 아이도 겨우 키우는데 나를 위한 무엇인가를 할 시간이 어디에 있느냐고 생각할 수도 있다. 그렇지만 시간이 많이 드는 거창한 일이 아니더라도 부모인 우리가 자신을 돌보는 노력은 필요하다. 행복한 부모의 아이가 진정으로 행복할 수 있기 때문이다.

진료실에서 아이들을 만날 때 가장 많이 하는 말은 "너를 믿어주고 기다려주고 너의 제일 큰 편이 되어주어야 하는 사람은 너야" "이렇게 어렵고 힘든 시간을 잘 견디고 있는 너 자신에게 네가 잘하고 있다고 토닥토닥 격려해줘" "네가 가장 소중하게 생각해야 하는 사람은 너야"와 같은 것이다. 똑같은 말씀을 부모님들께도 해드리고 싶다. "지금 이렇게 힘든 시간을 아이와 함께 견디고 있는 자신에게 잘하고 있다고 토닥토닥해주세요" "자신을 소중하게 여기세요.

자신을 사랑하는 사람만이 다른 사람도 사랑할 수 있어요" "지금 충분히 잘하고 계세요. 행복할 자격이 있으세요"라고 말이다.

그렇다면 행복이란 무엇인가? 어떤 사람이 행복한가? "아프고 고통스러웠던 기억, 처절하게 후회했던 기억, 남을 상처 주고 상처받았던 기억, 버림받고 돌아섰던 기억, 그런 기억들을 가슴 한구석에 품고 살아가는 자만이 더 강해지고 뜨거워지고 더 유연해질 수 있지. 행복은 바로 그런 자만이 쟁취하는 거야!" 드라마 「싸이코지만 괜찮아」 중 동화 『악몽을 먹고 자란 소년』에 나오는 말이다. 이 말처럼 행복은 아무런 어려움 없이 평안한 데서 오는 것이 아니다. 오히려 삶이라는 게 누구에게나 고단하고 고통스러운 일임을 받아들이고, 살면서 마주치는 어려움을 끊임없이 견디고 넘어서면서 살아가는 사람에게 진정한 행복이 찾아오는지도 모르겠다. 그리고 나 자신에 대해서도, 과거의 내 모습을 그리워하거나 내가 꿈꾸던 내 모습과 현재의 내가 다른 것에 대해서 한탄하기보다는, 자신의 나약함과 부족함을 있는 그대로 마주하는 게 필요한 것 같다. 있는 그대로의 나의 부족하고 모자란 모습에 대해서 받아들이고, 그럼에도 불구하고 내가 그럭저럭 괜찮은 사람임을 받아들이는 것, 나 자신과 화해하고 나를 사랑하는 과정 없이는 행복하기가 어렵다.

아이를 키우는 일 역시 끊임없이 새로운 과제에 도전하는 것이고, 내가 부족하고 모자란 사람인 것을 계속 발견하고 받아들이는 과정이다. 중국 후난위성TV의 「나는 가수다 4我是歌手 4」에서 한국인 가수 황치열이 오랜 무명 시절을 거쳐 어렵게 노래할 기회를 얻고 중국 프로그램까지 진출한 것을 보고, "희망이 보여서 버티는 것이 아니라, 버티다보니 희망이 보이는 것이다不是因爲看到希望才堅持, 而是因爲堅持才會看到希望"라고 말한 적이 있다. 버티다보면 어렵고 힘든 시간 속에서 숨 돌리고 소소한 행복을 느끼는 순간도 오고, 어렵고 힘든 시간도 지나갈 것이다.

주註

1. Colarusso CA. The third individuation. The effect of biological parenthood on separation-individuation processes in adulthood. *Psychoanal Study Child*. 190:45; 179-194.

2. Colarusso CA. Separation-individuation processes in middle adulthood: The fourth individuation. In: Akhtar S, Kramer S. *The seasons of life: Separation-individuation perspectives*. Northvale, NJ: Aronson; 1997. p.73-79.

3. Colarusso, CA. Separation-individuation phenomena in adulthood: General concepts and the fifth individuation. *J Am Psychoanal Assoc*. 2000:48;1467-1489.

4. 2차 분리개별화는 청소년기에 부모로부터 심리적으로 독립하는 과정을 뜻한다.

5. Sternschein I. The experience of separation-individuation in infancy and its reverberations through the course of life: maturity, senescence, and sociological implications *J Am Psychoanal Assoc* 1973:21:3 pp. 633–645.

6. 질병관리본부. 제15차(2019년) 청소년건강행태조사. 충북:질병관리본부;2020.

7. Freud S. Strachey J. The aetiology of hysteria, *The standard edition of the complete psychological works of Sigmund Freud*, London: Hogarth Press; 1962. pp.191-221.

8. Bowlby J. *Attachment and Loss*. New York; Basic Books; 1973.

9. Minuchin S, Baker L, Rosman BL, Liebman R, Milman L, Todd TC. A conceptual model of psychosomatic illness in children: Family organization and family therapy, *Arch Gen Psychiatry*. 1975:32;1031-1038.

10. Walker LS, Claar RL, Garber J. Social consequences of children's pain: When do they encourage symptom maintenance? J Pediatri Psychol. 2002:27;689-

698.

11. 조지 베일런트. 이덕남 옮김. 『행복의 조건』. 프런티어. 2010. p. 155.

12. 조안·네빌 시밍턴. 임말희 옮김. 『알프레드 비온 입문』. 눈 출판그룹. 2008.

13. O'Shaughnessy E, A Commemorative Essay on W.R. Bion's Theory of Thinking. *J Child Psychother* 1981;7:181-192.

14. 조지 베일런트, 위의 책, p. 121

15. Mills KL, Lalonde F, Clasen LS, Giedd JN, Blakemore SJ. Developmental changes in the structure of the social brain in late childhood and adolescence. *Soc Cogn Affect Neurosci.* 2014;9;123-131.

16. Blakemore SJ. The social brain in adolescence. *Nat Rev Neurosci.* 2008;9;267-277.

17. Rogers CH, Floyd FJ, Seltzer MM, Greenberg J, Hong J. Long-term effects of the death of a child on parents' adjustment in midlife. *J Fam Psychol.* 2008;22: 203-211.

18. Lichtenthal WG, Neimeyer RA, Currier JM, Roberts K, Jordan N. Cause of death and the quest for meaning after the loss of a child. *Death Stud.* 2013; 37: 311-342.

19. 오시마 노부요리. 『너무 외로운 사람들을 위한 책』. 메이트북스. 2020.

20. https://m.post.naver.com/viewer/postView.nhn?volumeNo=4988926&memberNo=27539701&fbclid=IwAR1h_V0qkfZAgqbK745HGgdAhm8HC1M52Ls8n-POuj22T_MdoGiFynOzTPBM

참고문헌

제1부

클라우디아 골딘. 김승진 옮김. 『커리어 그리고 가정』. 생각의힘. 2021

김혜남. 『어른으로 산다는 것』. 걷는나무. 2011

제2부

빈스 포센트. 유윤한 옮김. 『코끼리를 들어올린 개미』. 21세기북스. 2006.

존 그레이. 김경숙 옮김. 『화성에서 온 남자 금성에서 온 여자』. 동녘라이프. 2007.

토머스 고든. 홍한별 옮김. 『부모 역할 훈련』. 양철북. 2021.

앨런 카즈딘. 이송희 옮김. 『카즈딘 교육』. 한스미디어. 2014.

Blos P. The second individuation process of adolescence. *Psychoanal Study Child*.
    1967;22;162-186.

MacLean PD. *The triune brain in evolution: role in paleocerebral functions*. New
    York: Plenum Press; 1990

제3부

이소담. 『그깟 '덕질'이 우리를 살게 할 거야』. 앤의서재. 2021.

김혜남. 『어른으로 산다는 것』. 걷는나무. 2011

편혜영 외. 『몬순 2014 제38회 이상문학상 작품집』. 문학사상. 2014.

수 클리볼드. 『나는 가해자의 엄마입니다』. 반비. 2016.

에일린 케네디 무어,마크 S. 뢰벤탈. 박미경 옮김. 『영리한 아이가 위험하다』. 웅진지식하우
    스. 2019.

패트리스 카르스트. 조앤 루 브리토프 그림. 김세실 옮김. 『보이지 않는 끈』. 북뱅크. 2021.

공지영. 『네가 어떤 삶을 살든 나는 너를 응원할 것이다』. 해냄. 2016.

제4부

김승희. 『미완성을 위한 연가』. 나남. 1987.

김승희. 『33세의 팡세』. 문학사상. 2002.

김승희. 김점선 그림. 『그래도라는 섬이 있다』. 마음산책. 2007.

한강. 『내 여자의 열매』. 문학과지성사. 2018.

김다슬. 『이제는 오해하면 그냥 둔다』. 스튜디오오드리. 2021.

김혜남. 『어른으로 산다는 것』. 걷는나무. 2011

엄마의 마음이 자라는 시간

1판 1쇄	2022년 4월 21일
1판 3쇄	2024년 3월 11일

지은이	김효원
펴낸이	강성민
편집장	이은혜
마케팅	정민호 박치우 한민아 이민경 박진희 정유선 황승현
브랜딩	함유지 함근아 고보미 박민재 김희숙 박다솔 조다현 정승민 배진성
제작	강신은 김동욱 이순호

펴낸곳	㈜글항아리 | 출판등록 2009년 1월 19일 제406-2009-000002호

주소	10881 경기도 파주시 심학산로 10 3층
전자우편	bookpot@hanmail.net
전화번호	031-955-8869(마케팅) 031-941-5158(편집부)
팩스	031-941-5163

ISBN	979-11-6909-004-9 03180

잘못된 책은 구입하신 서점에서 교환해드립니다.
기타 교환 문의 031-955-2661, 3580

www.geulhangari.com